介護福祉経営士　実行力テキストシリーズ 5

めざす介護を実現する
高齢者住宅・施設の建築デザイン戦略

砂山憲一

株式会社ゆう建築設計
代表取締役

日本医療企画

はじめに

高齢者住宅や特別養護老人ホームなど介護施設の建築デザインは、ここ数年、大きく変化しました。その理由として、下記が挙げられます。

①高齢者用の製品が、数多く開発、販売されたこと。

②建築設計者から、さまざまな提案がなされたこと。

③介護事業者が、理念に沿った介護を目指すようになったこと。

介護事業者にとっても、収益を確保することが重要であると認識されるようになり、各施設に適した建物がつくられるようになりました。

事業で収益を上げるためには、利用者から支持され、利用してもらわなければなりません。利用者は提供されるサービスを吟味し、他の事業者のサービス内容と比較して、利用する施設を選びます。つまり、提供するサービス内容とコストを、より厳密に検討しなければならなくなってきているのです。

弊社は、医療福祉施設専門の設計事務所です。高齢者施設に関しては、建築デザイン、製品開発などさまざまな提案を行ってきました。その多くが高齢者施設デザインのスタンダードとなっています。

高齢者施設の建築の工夫や製品の開発が進み、目指す介護をサポートする建築側の体制は整ってきました。重要なのは、そのような製品をどのように活用し、どのような介護サービスを提供するかの判断です。その根拠となるのが、事業者の介護方針です。

本書では、建物の新築や改修計画を行う際、介護事業者に必要な知識(高齢者デザインの最新情報、事業を組み立てるうえで必要な建築デザイン戦略の立て方、実践方法)を解説しています。

本文に、「建築コスト」と「介護コスト」という言葉が何度も出てきますが、これは介護方法と建築デザインが、密接に関連していることを示しています。建築デザインを、単に建物などの形をつくることととらえるのではなく、介護経営に密接に関係したものであるという前提で本書をお読みいただくと、わかりやすいでしょう。

2014年5月

砂山 憲一

CONTENTS

第3章　建築、改修を実践するためのポイント

第4章　施設別建築デザイン実践事例

第1章

高齢者の住まいを理解する

——高齢者デザインの最新情報

1　体の変化に対応するデザイン

(1) 体の状態は変化するが建物は変化できない

1 不自由さの度合いは変化する

高齢者の建築が他の建築と大きく違うのは、使用する人の体の状態が変化していくことです。介護する側から見ますと、この変化は当たり前のことであり、一人ひとりの状態に合わせて介護の方法を変えて対応しています。介護施設や高齢者住宅のデザインにおいても、利用する人の体の状態に合わせて変化できればよいのですが、建築は簡単には変えることができません。

この当たり前のことが、設計者にも事業者にも、あまり意識されていません。

2 体の状態に応じて変化する建築

体の状態に合わせて建物内容を変えるというのは、コンクリートや鉄骨の躯《く》体《たい》からやり直すことではありません。介護方法に密接にかかわる、入浴方法、トイレの使い方、手すりの位置などを変えられれば、入居者にとっても介護者にとっても、住まいの環境は格段によくなります。

躯体をつくり直すことに比べれば、このような改修は簡単にできそうに思えますが、一旦建設されたものをつくり直すのは容易なことではありません。また、これまで介護方法に合わせて建物を変えていく発想を持つ設計者は、ほとんどいませんでした。

簡単な例ですが、居室内トイレは便利ですが、体が不自由になり、おまるやおむつに頼るようになれば不要となります。使わなくなったときのために、取り外し可能な壁にしておけば、便器を撤去するだけで居室を広くすることができます。このように、変化できないと思われている建物に変化できる要素を持ち込み、体の状態に応じて変化する建築デザインの発想が求められています。

(2) 入居者の体の状態は多様

高齢者住宅を設計する立場から見ると、体の状態が変化することと同程度に難しいのは、どのような状態の人が入居するかわからないことです。

有料老人ホームやサービス付き高齢者向け住宅は、これまでは比較的元気な人が対象であり、マンション建築に近かったのですが、最近は最後までお世話することを前提とする施設が増加し、元気な人から寝たきりの人までが、同時に暮らすことになります。体の不自由さがさまざまに異なる人に対してそれぞれの居室をつくり、その人たちが集まる場所をつくるのが高齢者の建築デザインです。

元気な人、車いすの人、寝たきりの人、それぞれに合わせて居室の形や内容を変えてつくることができれば、住む人には快適でしょう。開設時にこのような方針で建物をつくることは可能です。しかし、どのような割合で、どのような状態の人が入ってくるのか、正確な数字は出せません。複数の異なる居室をつくっても、入居者の状態が予想した割合と違えば、一部の人にとっては使いにくい居室に入居することになってしまいます。

(3) 平均要介護度が変化していく

個人の体の状態が変化していくことは、施設全体での平均要介護度が変化していくことです。この変化を予想して、施設全体の入浴方法や、トイレの使い方を考えなければいけません。変化させないのであれば、想定した平均要介護度の入居者構成を前提に建物をつくり、入居者の変化に対しては職員さんの頑張りで対応することになります。

(4) 高齢者施設の建築デザイン

時間の流れとともに個人の体の状態が変化していくこと、それに伴い施設全体の平均要介護度が変化していくこと、さらに個人個人の状態が多様であること。これらの前提が、高齢者施設の建築デザインの基本です。

この考えを基本に、弊社では多くの工夫をしてきました。しかし、建物は基本的には一度建設すれば変化させることは難しいものです。本書では、そのような制約の中で、高齢者にとって快適な施設とはなにか、さまざまな試みや最新の情報を紹介します。

◆高齢者施設や高齢者住宅の特徴

●体の状態

・体の不自由な人が多く、その不自由さは多様です。

・不自由さの状態は時間とともに変化していきます。

●集まり住む

・住み手の状態に関係なく、標準化した仕様で建設します。

⬇

体の状態の変化や、住み手の状態に合わせて変化できる建物が求められています。

2 高齢者にとって快適な施設とは

（1）浴室

❶多様化した高齢者の入浴方法

高齢者の生活で特に困るのが、トイレと入浴です。体が不自由になると普通の風呂を使えなくなります。以前は、高齢者の入浴方法は限られていました（**図表1-2-1**）。

・大浴場に手すりがついていて自分で入る。
・大浴場などの浴槽にリフトをつけて、車いす使用の人に対応する。
・寝たきりの人は仰臥《ぎょうが》位《い》浴《よく》とよばれる機械浴を使う。

大浴場は当然、脱衣室も浴室も複数の方で入ります。これは公衆浴場と同じですから、特に嫌う人は少なかったようです。

機械浴は一人ひとり入るのですが、脱衣室も浴室内も複数の方が順番を待つ状態でした。特に順送浴とよばれる方法は、入浴者を片側から入れ逆から出していくもので、言葉は悪いですが、物を順に送るような形式でした。

つまり、１人で入れる人と、介助を必要とする人のお風呂の入り方が、極端に違っていたのです。

図表1-2-1は7年ほど前の弊社の設計例です。浴槽の中にも手すりをつけ、体が不自由でも入浴しやすくしています。個浴の要望が増え、大浴場に複数の個浴と機械浴を設置するケースが増加しました。介護しやすい浴室になりましたが、個人のプライバシーの観点は欠けています。

この状況を変えたのは、介護用ユニットバスと介護浴槽の出現です。

【図表1-2-1】工夫された大浴場

手すりのついた大浴場

個浴と機械浴からなる大浴場

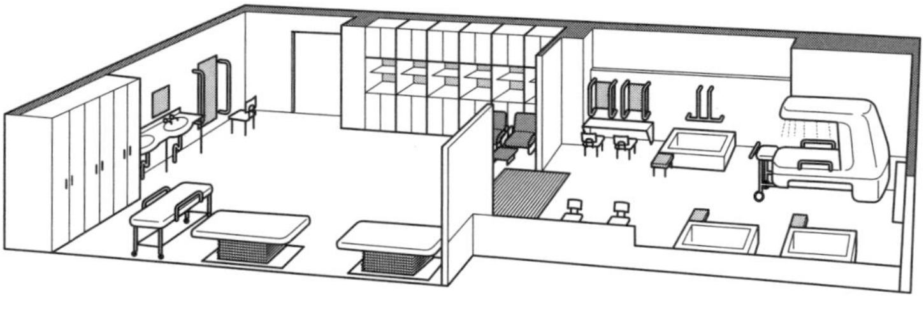

❷高齢者の入用方法を変えた介護用ユニットバス

介護用ユニットバスは、介護する人が浴室内に入って介護することを前提としてつくられています（**図表1-2-2**）。浴槽が中央に配置され、三方介助ができるようになっています。このユニットバスを製作しているのはパナソニック電工（株）と積水ホームテクノ（株）です。

【図表1-2-2】介護用ユニットバス

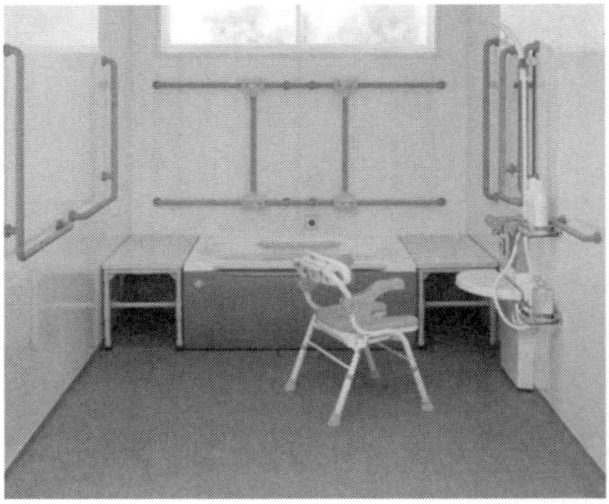

写真：「wells」積水ホームテクノ

積水ホームテクノの介護用ユニットバスは、浴槽が左右に動き、片方に寄せることによって車いすの寄りつきがしやすくなっています。ユニットバスと介助できる浴槽を組み合せたもので、素晴らしい発想です。10年ほど前に個人住宅に住む高齢者用に開発された商品ですが、徐々に施設でも使われるようになりました。

この製品は、弊社でも早くから採用してきました。その理由はプライバシーの観点から個浴を採用する施設が多くなってきたことと、特別養護老人ホーム（以下、特養）がユニットケアに変わってから、各ユニットに1人用の浴室を設けることが多くなったからです。

さらにこの介護用ユニットバスの特徴として、一般的な浴槽を介護浴槽に取り換えることができる点が挙げられます（17ページ**図表1-2-5**）。高齢者の体の状態は変化していきます。普通の浴槽から介護浴槽へ取り換えがきくということは、その人の体の変化に合わせて設備を変えていけるということなのです。

私は常々、高齢者の建物の「可変」ということを考えていましたので、この取り換えという発想は納得のいくものでした。

❸介護浴槽

ユニットケアになる前の特養の浴室構成は、大浴場と仰臥位浴の特別浴室でした。大浴場の浴槽にリフトがついている場合もあります。この構成では、体が不自由になったら大浴場のリフトを使用するか、仰臥位浴となります。

風呂に入ることは高齢者にとって楽しみの１つですが、吊り下げタイプのリフトでは不安があります。順送式の機械浴では流れ作業になりがちで、風呂を楽しむ環境をつくるのは難しい状況でした。

2005（平成17）年から2006（平成18）年にかけて発売された2つの製品が、高齢者の入浴環境を大きく変えました。1つは（株）メトスの「個粋」、もう1つは酒井医療（株）の「パンジー」です。

1）流れ作業介助から、個別ケアを目指した「個粋」

「個粋」は、メトスと大阪市立大学との共同研究「個別対応型入浴システムの提案」に基づき、歩行が自立している人から座位保持が可能な人まで利用できるユニバーサルデザインの浴槽として開発、販売されました。従来型の個浴浴槽に、一体デザインとしてリフトを取りつけたものです（**図表1-2-3**）。床スラブを下げ、浴槽を床仕上げ面より埋め込むことで吊り下げの高さを抑えています。また、リフトを使用しないときは収納し、一般の浴槽として使えます。

【図表1-2-3】「個粋プラス」（「個粋」のロングタイプ）

リフト収納時

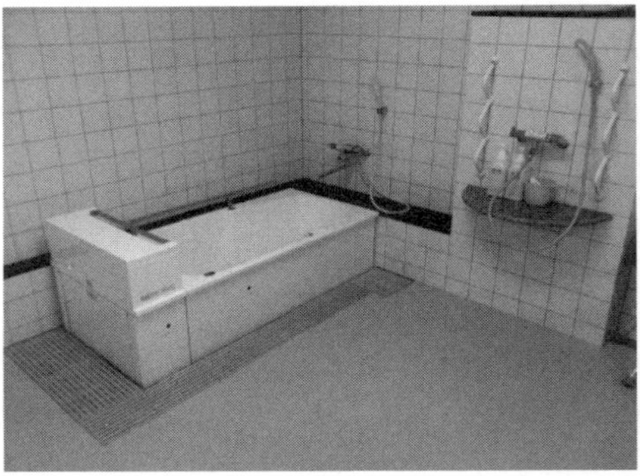

リフト使用時

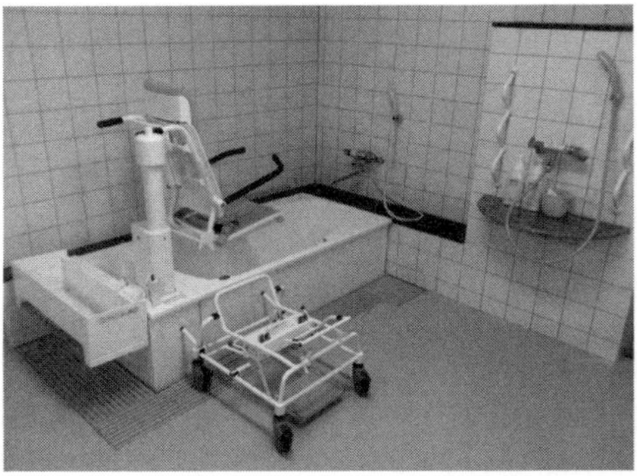

写真：「個粋プラス」メトス

2）自立度に合わせた入浴を提供する「パンジー」

「パンジー」は、それまでの浴槽の概念をまったく変えた製品です。浴槽の壁が上下し、浴槽に入りやすくなっています（**図表1-2-4**）。浴槽へのまたぎという行為が高齢者にとってバリアーになっていることに着目し、そのバリアーをなくそうという発想から製品づくりがスタートしました。体が不自由になった高齢者のうち、要介護3程度の人までを対象とした製品です。

【図表1-2-4】またぎをしなくてよい介護浴槽「パンジー」

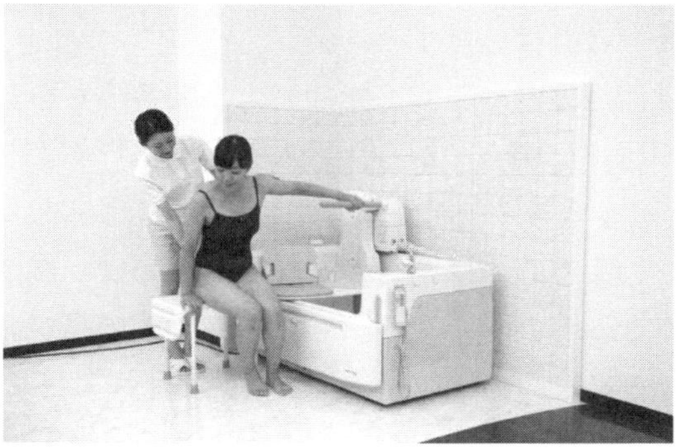

写真：「パンジー」酒井医療

この介護浴槽は数社から発売されていますが、どの製品も前出のパナソニック電工や積水ホームテクノの介護用ユニットバスの浴槽と入れ換えることができます（**図表1-2-5**）。

【図表1-2-5】介護用ユニットバスの浴槽を介護用浴槽に変える

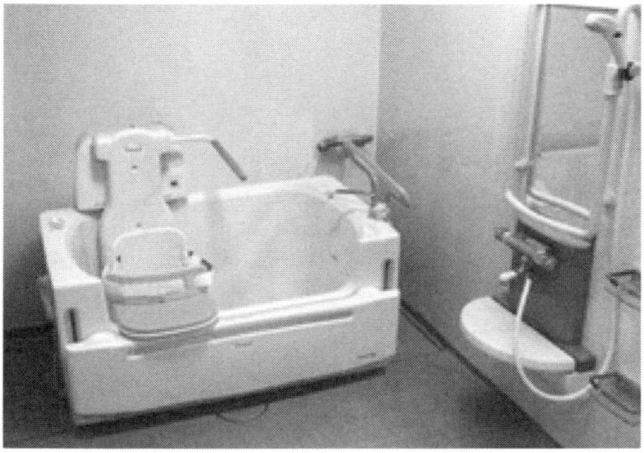

写真：「パンジー」酒井医療

4 仰臥位浴槽も個浴へ

仰臥位浴槽は寝たきりの人の入浴を短時間で効率よく行うための製品で、順送式のものでした。しかし寝たきりになっても、一人ひとりが十分な介護を受けるためには、入浴方法や機械浴の機種も人によって変えなければいけません。

運用面では、浴室内や脱衣室で次の人が順番待ちをしている状況を、前の人が居室に戻ってから次の人を迎えに行くように変えるとよいでしょう（もちろん、従来の方法に比べれば時間がかかります）。

これまでこのような方法が普及しなかったのは、個浴に適した安価な機械浴がなかったからです。しかし、よい製品が発売されました。介護浴槽と同じコンセプトで開発された「ユニバス」です（**図表1-2-6**）。

順送式ではない個浴対応で、浴室の面積は小さくてよく、かつ金額も安くなっています。今後の高齢者住宅の浴槽の主流となっていくでしょう。

【図表1-2-6】ユニバス

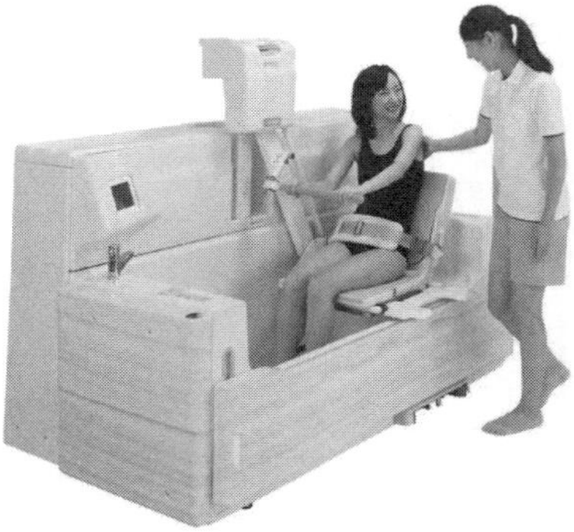

写真：「ユニバス」酒井医療

5 機械浴の選択の際には、介護コストを考える

機械浴メーカーには、介護コストを意識して製品開発をするとともに、できた製品の介護コストの予測を明示してほしいと思います。

1）「入浴すること」「入浴を介護すること」が１つの商品

入浴を単に浴槽というハードウエアーとしてとらえるのではなく、「入浴すること」や「入浴を介護すること」というソフトウエアーを同時に考え、製品ごとに介護コストを比較することが大切です。メーカーのカタログに製品紹介は載っていますが、「入浴の仕方」や「入浴の介護方法」を説明しているものはありませんでした。そこで、あるメーカーに浴槽を売るのではなく、浴槽と使い方を売っている意識を持つようにお願いしたところ、最近のカタログはわかりやすく変わりました（**図表1-2-7**）。

図表2-1-4（82ページ）は、入浴設備の「1時間当たりの入浴人数」「必要スペース」「介護労力」「製品コスト」などをわかりやすくまとめたものです。

【図表1-2-7】片麻痺のある人で座位姿勢が保ちにくい人の入浴方法

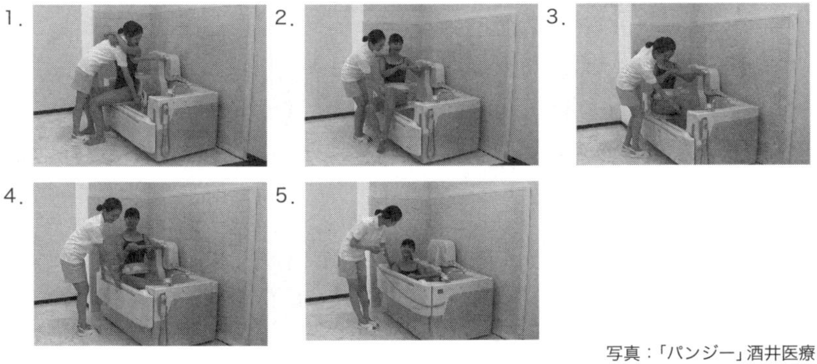

写真：「パンジー」酒井医療

6 大きく変化する浴室設計

ユニットケアが導入された当時は、多くの施設が同じような構成の浴室を設置したのですが、ここ数年は、介護浴槽や機械浴の発達と、各施設がその介護方針に合った入浴方法を採用するようになったため、施設ごとに浴室の設計内容が大きく変化しています。

1）1ユニット1個浴から、2ユニット2個浴が標準に

夜間の見守りが2ユニットを1人で見られるようになり、弊社の設計では、スタッフルームや個浴などを2ユニット共有で設計するケースが増えています（**図表1-2-8**）。そうすると、2つの個浴が並ぶので、同じ形の浴槽を置くのではなく、リフト浴槽や介護浴槽などを組み合わせて、2ユニット20人で2種類の風呂の入り方ができるようになります。2つの個浴の内容を変えることによって、ユニットの入居者は機械浴とあわせて、3種類の風呂の入り方ができるようになったのです。

【図表1-2-8】2ユニット2個浴

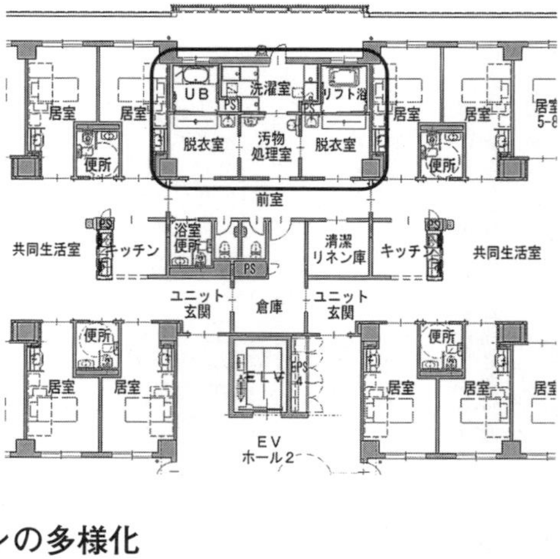

2）浴室プランの多様化

このように、浴室はその施設の状況に合わせて設計することが大切です。弊社で計画しているいくつかの浴室を紹介します。

(a) 2ユニットで1個浴

図表1-2-9は平均要介護度が高い特養の例です。機械浴を使用する人が多く、ユニット内の個浴は2ユニットで1つにしています。個浴は介護ユニットバスに介護浴槽（「パンジー」）を設置するタイプです。この方式はまだ採用例が1施設だけですが、入居者の状況によって検討してみるとよいでしょう。

【図表1-2-9】2ユニット1個浴

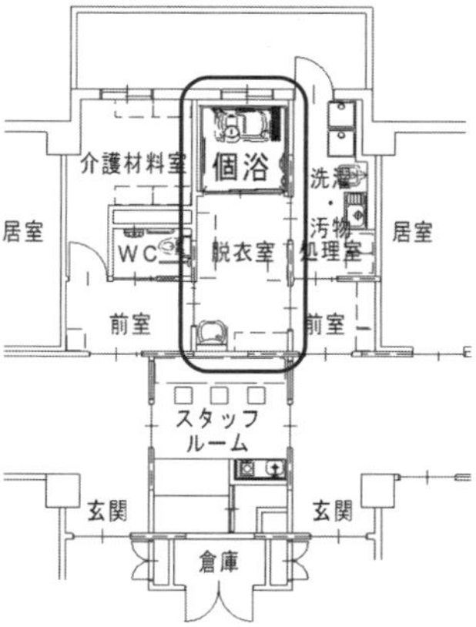

(b) ユニット間でもらい湯

介護用の浴槽もさまざまなタイプが出てきています。各ユニットで異なる浴槽を設置し、体の状態に合わせてユニット間でもらい湯をしている特養もあります（**図表1-2-10**）。

1フロアに2ユニットの構成だったのですが、異なった種類の浴室を設置しました。1つは木製浴槽とし、体の小さな高齢者でも浮き上がらないような大きさを考えました。そのうえで、浴室は決して広すぎないようにし、体が傾いたときに壁にもたれることができる、介助しやすい大きさとしました（**図表1-2-11**）。

もう1つの浴室は、重度化が進みリフトが必要な人に対応するため、住宅の浴槽に近い形でリフトが格納できるタイプのリフト浴を採用しました（**図表1-2-12**）。

木製浴槽のユニットの方でリフト入浴する人は、介護の人とともに車いすで隣のユニットに出向き、「お風呂をお借りします」と声かけをして使います。

【図表1-2-10】ユニット中央に個浴

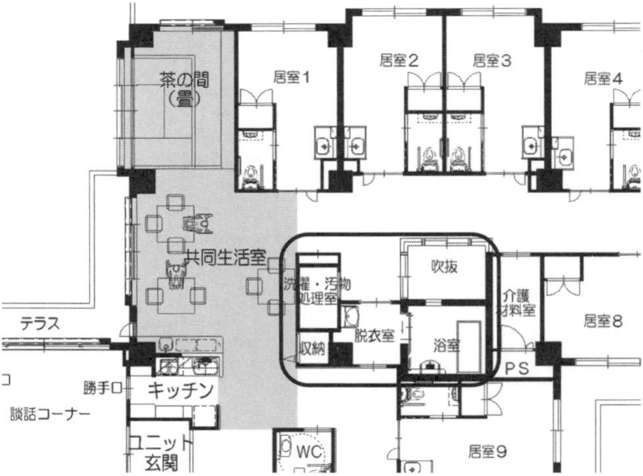

【図表1-2-11】ひのき風呂（三方介助が可能手すりつき）

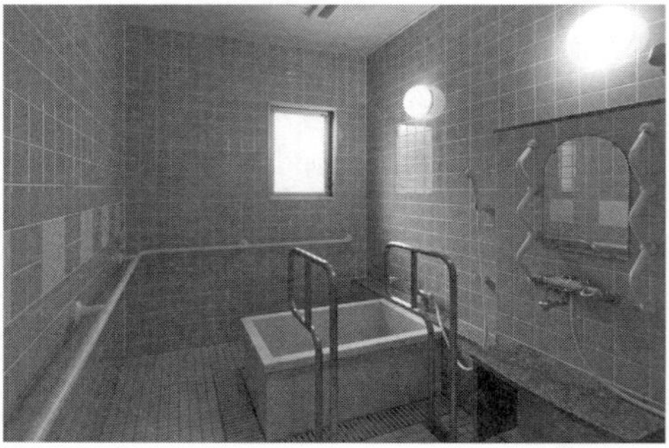

【図表1-2-12】リフト浴（リフトを収納した状態）

（2）脱衣室

脱衣室は入浴前後の脱衣、着衣をする単純な機能の部屋です。しかし、弊社では十分注意を払って設計しなければいけない部屋と位置づけています。

それは次の2つの理由からです。

①施設によって、入浴や入浴前後の流れ・介助方式が違い、その違いによって設計内容も変わってくること。

②日常生活における事故が脱衣室で多く発生しており、その原因に建築や家具が関係している場合があること。

1 入浴の流れは施設によって違う

図表1-2-13は、最近設計した２つの特養で、入居者が居室から特別浴室へ移動し、入浴後居室へ戻る動きをヒアリングした結果です。

このヒアリングから、A特養では特別浴室の利用者に車いす・ストレッチャーの両方を想定し、B特養はストレッチャー利用者が多いことがわかります。

【図表1-2-13】「居室→浴室→居室」の動き

	A特養	B特養
動線	特別浴室・脱衣室の動作の流れ	特別浴室・脱衣室の動作の流れ
療養室→脱衣室	・スタッフが着替えを持ち、車いすまたは大型車いすで移動。(座位を保てない入居者)	・移動用車いすまたはストレッチャーで各部屋からきて、脱衣室へ移動。 ・着替えはその際に一緒に持ってくる。
脱衣室	・ベッドへ移乗し(または車いすで)、服を脱ぐ。シャワーチェアへ移乗。	・車いすまたはストレッチャーで着替え、脱いだ服は脱衣かごに入れる。 ・脱衣後、浴室用ストレッチャーに移乗。
	・着替えと脱いだ服は脱衣かご(2段式)へ入れる。着替えは上段、脱いだ服は下段に置く。	・タオルはバスタオル4枚と、洗い用、陰部用、フェイスタオルと1人計7枚必要。その清潔なタオルを脱衣室内のタオル用棚に収納しておく。
	・バスタオル(リース)は清潔リネン庫または脱衣室に置く。(1人に使う量は5～6枚)	・使用後は隣の業務用洗濯室へ運び、洗濯する。
	・洗面は職員の利用を想定。	・洗面は職員と飲料のみの利用。
浴室	・シャワーチェアに座れる人は、洗面台の前に移動し、シャワーを浴び、入浴する。	・シャワーチェアは使用せず、浴室用ストレッチャーでシャワーを浴び、体を洗う。
	・体が硬直している人は、浴室用ストレッチャーで移動し、その上で洗体。	・利用は1人ずつで介助者は2人なので、浴槽担架は片袖タイプとする。
	・入浴後、ストレッチャー上で体を拭き脱衣室へ移動する。	
	・介助スタッフは1～2人。	・介助スタッフは2人。
脱衣室	・ストレッチャーからベッドへ移乗し、再度体を拭き、服を着て車いすへ移乗する。(またはシャワーチェアで身体を拭き、服を着て車いすへ移乗)	・入浴後、入口で利用者をストレッチャーからベッドへ移動させる。
	・髪の毛は浴室(寒いとき)、または療養室で渇かす。	・利用者の髪をかわかすのはここで行う。
	・脱いだ服はユニットの洗濯室へ運ぶ。	・体を拭いた後はまた移動用車いすまたはストレッチャーで各部屋へ戻る。
脱衣室→療養室	・部屋で待つ次の入浴者を迎えに行く。	・部屋で待つ次の入浴者を迎えに行く。

つまり、A特養はユニット内の個浴が介護用ユニットバスであり、要介護度が上がると特別浴室の利用を想定しています。一方、B特養は、ユニット内の個浴に介護浴槽(「パンジー」)を設置し、要介護度が上がっても、できるだけユニットで入浴していただく想定です。特別浴室を利用するのはストレッチャーが必要な人のみになっています。

❷浴室の使い方が、脱衣室の形を決める

ユニット型特養の入浴は、基本的に、ユニットにある浴室も、施設全体で利用する特別浴室も1人で使用します。したがって脱衣室の大きさを決めるのは、人数ではなく、着替え介助の方法によります。つまり、利用者をどのように脱衣室へ連れて行き、着替え用のベッド・ベンチをどう使うかを考えます。

図表1-2-13のヒアリング結果から設計したユニット個浴の脱衣室を例に取ると、ユニット内の浴室を要介護度の高い人が使うB特養の脱衣室は、A特養の脱衣室よりだいぶ広くなっています（**図表1-2-14**）。

【図表1-2-14】B特養の脱衣室まわり

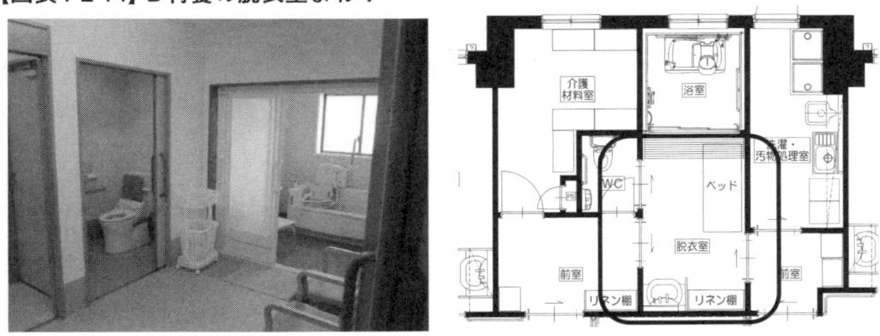

❸洗濯システムが、脱衣室まわりを決める

脱衣室の機能と関係しているのは、その施設の洗濯システムです。

弊社が設計した特養の多くは、入居者の身の回りの衣類は施設内で洗濯されています。利便性からいえば、洗濯物の移動が少ない方がよいわけですから、脱衣室の隣に洗濯室を配置する設計をよく行います。その場合、脱いだ衣類のストックは脱衣室内には不要です。

入浴では1人当たり6〜7枚のバスタオルを使いますから、1日分のタオルストックは広いスペースを必要とします。施設内で清潔リ

ネンをどこにストックするのか、脱衣室にどのように運ぶのかによってリネンの収納場所を計画します。B特養では脱衣室に隣接した場所にリネン棚を配置しています。

❹脱衣室の事故は防げるか

脱衣室で起こった事故で建築と関係しているものを見てみましょう（**図表1-2-15**）。

【図表1-2-15】脱衣室での事故例

事故内容	普段の介助	事故の経緯・施設見解	傷害の程度	原因	法定責任（可能性）	検討ポイント
入浴前 移動時転倒	独歩 移動移乗自立	独歩高齢者、移動・移乗は自立。入居者が先に浴室へ スタッフが脱衣室に到着したときには転倒していた 床が濡れていて滑って転んだと本人談	頭部打撲 頭部擦過傷	身体機能低下 脱衣室　床機能	予見可能性あり 安全配慮義務違反	ケアプラン見直し 入居者移動訓練 床機能の見直し
入浴前 着脱時転倒	自走車いす 着脱自立	自走車いす高齢者、着脱介助は自立（ケアプラン見守り） スタッフは、入浴準備のために浴室にいた 脱衣立ち上がり時に、床マットに足をとられ転倒	大腿骨骨折	身体機能低下	予見可能性あり 安全配慮義務違反	ケアプラン見直し 床機能の見直し （転倒の原因、床硬さ）
入浴後 移動時転倒	独歩 移動介助	独歩高齢者、まれにふらつきがあるため付き添い介助 入浴後の移動はスタッフが隣に付き添っていた 浴室と脱衣室の段差で躓き、スタッフが支えきれず転倒	顔面打撲 上腕骨折 足爪剥離	身体機能低下 介助のミス 浴室・脱衣室段差	安全配慮義務違反 業務上過失傷害	ケアプラン見直し スタッフ教育　（移動介助手順） 入り口ドア・段差の見直し
入浴後 移動時転倒	自走車いす 移乗自立	自走車いす高齢者、移乗・移動は自立 入浴後、スタッフが浴室の片付けをしていた 着脱ベンチに座ろうと手をかけたが、ベンチが動き一緒に転倒	上腕骨折	着脱ベンチ機能	予見可能性あり 安全配慮義務違反	着脱ベンチの機能見直し 床機能の見直し(床硬さなど)
入浴後 ぶつけ事故	介助車いす 移動全介助	介助車いす高齢者、移動・移乗は介助が必要 入浴直後、スタッフが脱衣室を移動介助中 車いすから手が出ていることに気づかず、脱衣室棚に肘を接触	打撲 表皮剥離 （数針縫う）	介助のミス	安全配慮義務違反 業務上過失傷害	スタッフ教育(移動介助手順) 脱衣室棚の位置・機能見直し

作成：濱田孝一、谷田寿実

施設内における事故の防止は、ケアプランや介助方法によることが多いのですが、建築・設備・家具なども最善のものを選ばなければいけません。この事故例から、建築で気をつけなければいけないことがはっきりと見えてきます。

①**床仕上げ**：濡れても滑らない床材。一般に塩ビ系床材ですが、車いす・シャワーチェアへの移乗の際に事故が起きやすいので、転倒時の骨折防止には二重床が効果的です。

②**床マット**：脱衣室と浴室の間の水切マットの形状も、事故に大きく関係しています。また、滑りにくい床材を選んで、滑り止めのマット類を置かなくてすむような工夫が必要です。

③**段差**：微妙な段差もつまずきの原因となります。

④**家具**：脱衣室の機能に合わせてつくられた家具はないので、着替える際に横たわる家具として、ベッドやベンチが代用されます。しかし、いずれも体位を変えるのに十分な広さ、介護のしやすさを満足する幅、濡れてもよく乾きが早い材質という条件を満たしているとはいえません。ベンチが動いて転倒した事故も、適切な家具を選んでいれば防げたはずです。

（3）トイレ

❶トイレを自分で使い続けるために

トイレには、浴槽ほど多様な製品はありません。トイレを使える人はほぼ同じ製品を使い、使えなくなるとおまるやおむつに移行していきます。高齢者住宅では居室内にトイレを設置するのが一般的です。特養ではユニットケアになったころは居室内トイレが多かったのですが、最近の設計は1ユニットに3か所の車いす対応のトイレを設置するケースが多くなりました（**図表1-2-16**）。

【図表1-2-16】居室内トイレと共用トイレ

居室内トイレ

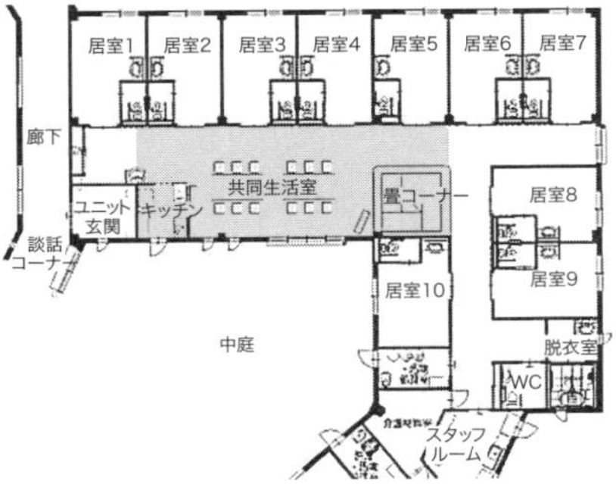

共用トイレ

特養ですべての個室にトイレをつくるタイプが減ったのは、自分でトイレに行ける人が少なく、居室内トイレを設置するのはもったいないという考えからです。

しかし、高齢になれば、夜間トイレに行く回数が多くなります。居室内トイレであれば、体が不自由になっても使い続けることができるかもしれません。できる限り長く自分でトイレに行けるようにするために、さまざまな工夫を行ってきました。

1）ベッドをトイレの横へ

数年前、居室内にトイレを設置した特養の住み方調査を行った際、体の不自由な人がトイレの真横にベッドを移動していました（**図表1-2-17**）。話を聞くと、体が不自由でも一歩は動けるので、トイレの真横にベッドを置いて、引き戸を開けっぱなしにして使っているとのことでした。

私はこのとき、誰もが自分でトイレに行きたいと思っていることを再確認し、建築的に工夫できないかと考えました。そこで、体の状態に合わせてトイレの形態を変えることによって、使い続けることのできる形を考えました。

【図表1-2-17】ベッドをトイレ横に置く

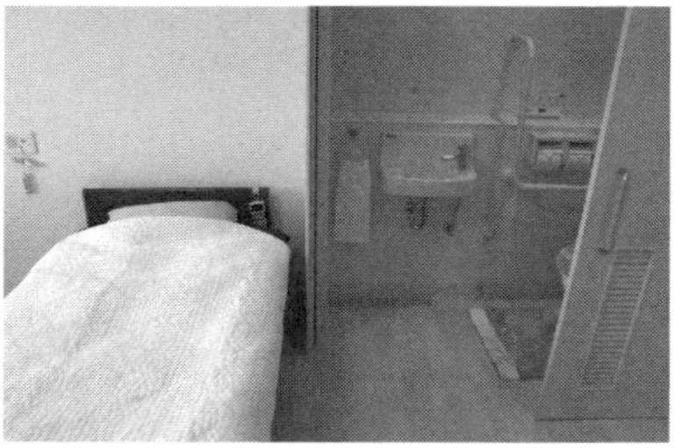

【図表1-2-18】ベッドとトイレを近づけるプラン

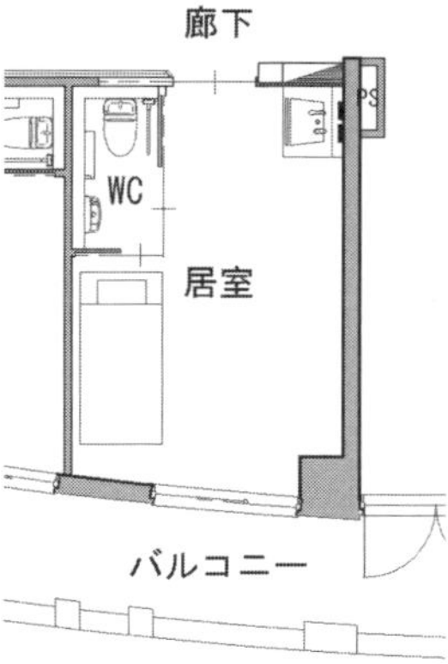

2）動くトイレの壁

図表1-2-19では、トイレの壁が引き込めるようになっています。これなら、体の状態に合わせて手すりを取りつければ、少し動ける人ならポータブルトイレやおむつに頼らず、１人でトイレを使用することができます。もちろん本当に体が不自由になれば、おむつを使用することになりますが、この方式はトイレを使える期間を長くする可能性を持っています。

【図表1-2-19】可動式のトイレの壁

ステージ①　体力があり、自分でトイレを使う

ステージ②　体が不自由になり、ベッドからすぐトイレに行けるようにする

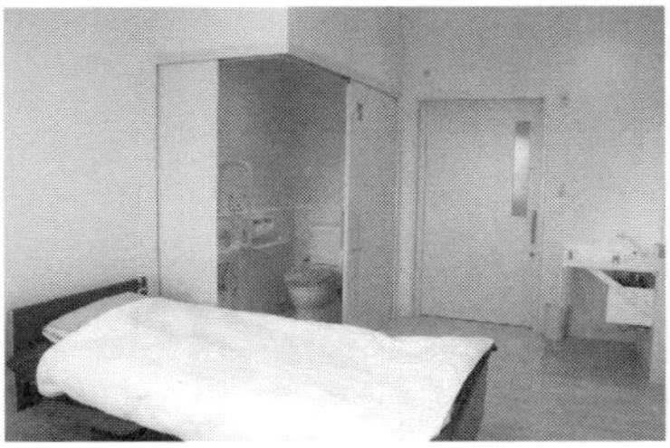

❷ベッドサイド水洗トイレが、今後の高齢者施設の計画を変える

2013（平成25）年秋にTOTO（株）からベッドサイド水洗トイレ（水洗ポータブルトイレ）が発売されました（**図表1-2-20**）。居室内に便器を置き、便を粉砕《ふんさい》し細い管で屋外に排出する仕組みです。水洗便器が長い排出管につながっており、自由に移動できるようになりました。

水洗ポータブルトイレは、かなり早い時期から一部のメーカーで発売されていました。簡易便器（おまる）の問題点であるにおいや便の処理が解消され、体が不自由になっても自分でトイレを使い続けるにはよい製品だと思い注目してきました。しかし、このような便利な製品であるにもかかわらず、製作しているのは地方の小企業であり、１年の出荷台数も多くなかったことから、弊社での採用は

見合わせていました。TOTOも早くから実験的に製作していましたが、信頼のおける製品にするために随分時間をかけたようです。

2014（平成26）年春に完成した特養に採用しました。ユニット内の10室のうち3室は居室内トイレ、7室は居室内トイレは置かず水洗ポータブルトイレ用の配管を設置しています。この7室は、元気なうちは共用トイレを使い、体が不自由になれば水洗ポータブルトイレを置くようにします。水洗ポータブルトイレは施設で10台用意しました。

弊社では、この水洗ポータブルトイレが体の不自由な高齢者の生活を変えると思っています。それにあわせて居室やユニットの建築計画の見直しが必要です。事業者も設計者も高齢者がトイレを使い続けるための介護、建築の新しい仕組みを見つけなければなりません。

この設置は、ノロウイルス対策ができるという思いがけない効果ももたらしました（116ページ参照）。

【図表1-2-20】ベッドサイド水洗トイレ

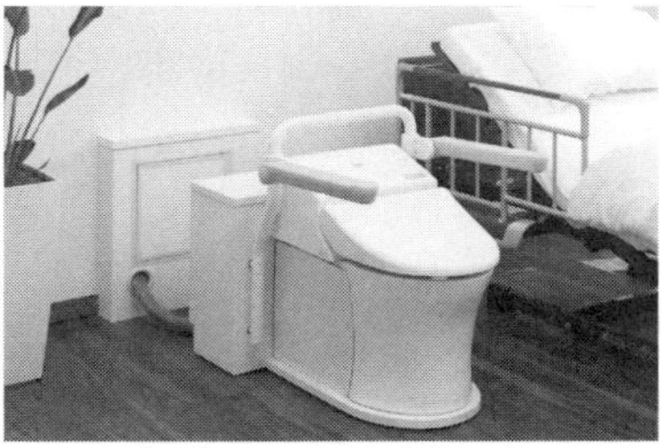

写真：「ベッドサイド水洗トイレ」TOTO

3 居室内トイレの工夫

トイレ内部についても検討する項目があります。

①手すりは一般的に必要な場所に設置しますが、体の状態によってはそれ以外の場所にも必要になることがあります。そのため弊社の設計では、将来手すりの設置が必要になる可能性のある

場所に手すり用下地を取りつけています。

②トイレ内照明の照度は昼と夜で変えるようにします。夜の照度を昼並にすると覚醒して眠れなくなるからです。時間に合わせて照度を変えられる製品があります。

③居室内トイレに手洗いが必要かどうかは議論になるところです。スペースの関係で小さな手洗いを置く場合もありますが、使いやすいかが問題です。居室内の近い位置に洗面台がある場合は、それで手を洗うという考えもあります。しかし、介護する人にとっては、トイレ内手洗いは小さくてもほしいところです。

（4）洗面

住まいに必要な機能（キッチン、トイレ、浴室、洗濯などの設備）の中には、入居者のADLの低下とともに使われなくなっていくものがあります。介護施設の居室ではトイレ、洗面が残り、浴室は居室内に置かれず共同となります。自分で食事の準備をすることもなくなるため、キッチンもいらなくなります。

❶洗面台を多目的に使う

居室に設置される設備の中で、洗面台はトイレと同じく毎日の生活において重要なものと位置づけられます。居室の洗面台に求められる機能はさまざまです。

○洗面としての機能

・洗面　・歯磨き　・手洗い　・介助する人の手の洗浄

・タオルなど簡単な洗濯

○キッチンとしての機能

・湯のみなどの洗い物　・湯沸かしポットへの給水

入居者の衣類の洗濯は、共用部で行うのが一般的なので洗濯機は置きませんが、タオルやフキンを洗うことはあるでしょう。また、お茶を用意したり、湯のみを洗うこともあります。もちろん、介護職員が使う場合もあります。

このように、洗面台は居室における唯一の給水設備としてさまざまに使われます。もちろん自分で動ける人と寝たきりの人では使用方法は違いますが、できるだけ幅広い用途に使えるようにするのが好ましいと考えます。

❷洗面とキッチンの機能を併せ持つ

洗面と簡単なキッチンの機能を持った洗面台は市販されていませんのでオリジナルでつくりました（**図表1-2-21**）。部屋でインスタントラーメン程度の夜食をつくることを想定しました。カウンターはステンレスとし、底は茶碗洗いなどができるようにフラットに近い洗面ボウルの形状にしています。

弊社では「洗面キッチン」と名づけ、多くの特養で設置しました。

【図表1-2-21】オーダーメイドの洗面キッチン

❸高齢者が使いやすい洗面

洗面を考える場合は、水栓金物の形状にも配慮しなければなりません。入居者が使う際の操作性を考え、シングルレバー水栓を選択することが多いです。このとき、水栓の取りつけ位置によっては、入居者の手が届かないケースも出てきますので、選定には十分配慮したいものです(**図表1-2-22**)。

【図表1-2-22】水栓の操作を手前につけたオーダーメイドの洗面

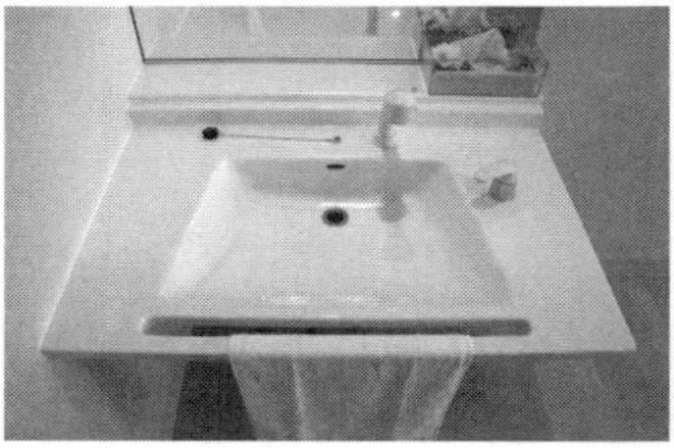

❹洗面台とキッチンの新製品

数年前までは、高齢者に適した洗面がなく、各施設の居室内容に合わせてオリジナルでつくっていましたが、最近では各メーカーから高齢者用の製品が多く発売されています。身体状況に合わせて選択できる、これまでにない発想の製品も出ています(**図表1-2-23**)。

【図表1-2-23】身体状態に合わせて選択する洗面

車いす対応洗面　　自立歩行者向け洗面

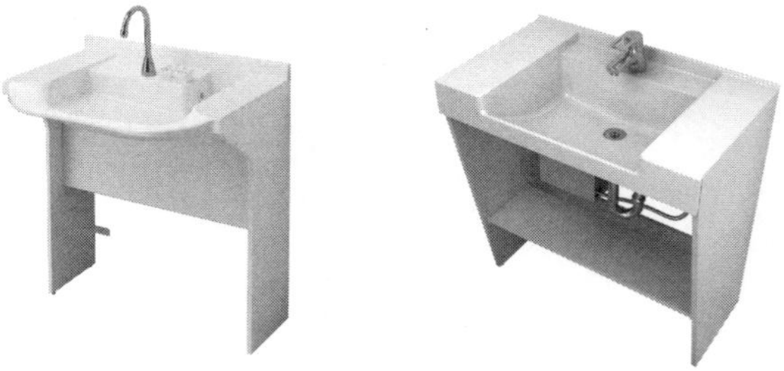

写真：「高齢者向け洗面商品」TOTO

車いす対応洗面も、細部まで配慮が行き届いています。

・車いすで奥までアプローチでき、水洗に手が届きやすくなった。
・ボウルの底面がフラットになっていて､コップなどを置きやすい。
・食べかすやごみをキャッチできる大型目皿がついている。
・オーバーフローの有無を選択できる。

形状は洗面ですが、簡単なキッチン機能も付加されています。最近は高齢者対応の建築デザインを支える製品も随分改良されており、わざわざオリジナル製品をつくらなくてもよくなっています。

(5) 食堂、共同生活室

高齢者の住まいが個人の住宅と異なるのは、共同で生活する場があることです。共同で使う部屋は食堂やリビングです。特養ではこのような空間を共同生活室とよびます。特養の共同生活室と、有料老人ホームの食堂・多目的ルームでは機能がかなり異なります。

❶特養の共同生活室

1) 多様な機能を持つ共同生活室

共同生活室は、機能的には「食事」「団欒《だんらん》」として位置づけられていますが、細かく見ていくと、多くの作業や動作が行われています。以下は、使い方を検証した特養(37ページ**図表1-2-25**)で観察された機能です。

・食事をする。
・薬を飲む。検温。血圧測定。
・テレビを見る。新聞を読む。
・曇りの日に洗濯物を干す。
・乾いた洗濯物をたたみ、入居者ごとに分ける。

・ソファーで休む。昼寝。日向ぼっこ。

・キッチンを使っての食事の準備。

・入浴後の水分補給。

・家族との会話。

このように共同生活室では多くのことが行われています。多様性に対応するには、和室にすることが１つの解決方法です。本来、部屋の使い方を明確にしてつくるのが洋室であり、和室は部屋の使用目的を限定せず、多目的に使える性質を持っています。実際、特養A（**図表1-2-25**）では、畳の部屋を実に有効に使用していました。

設計段階では「茶の間」とよび、一応多目的に使用することを想定したのですが、イメージは団欒の風景でした。実際には、実にさまざまな用途で使われています（**図表1-2-24**）。畳を上げ下げできるようにしたため、ユニットによって使い方が変わってきたのです。一般の住宅で行われる洗濯物の乾燥や仕分けなどもごく自然に行われ、家庭の雰囲気をつくり出しています。畳コーナーをつくるケースはよくありますが、入居者の状況によっては使われない場合も出てきます。上げ下げできる畳の工夫は、変化する状況に対応する有効な手段でした。

【図1-2-24】畳を上げ下げしてユニットによって異なる茶の間風景

【図表1-2-25】特養共同生活室の比較

	ユニット平面図	写真／イメージCG	共同生活室面積 ユニット面積
特養A	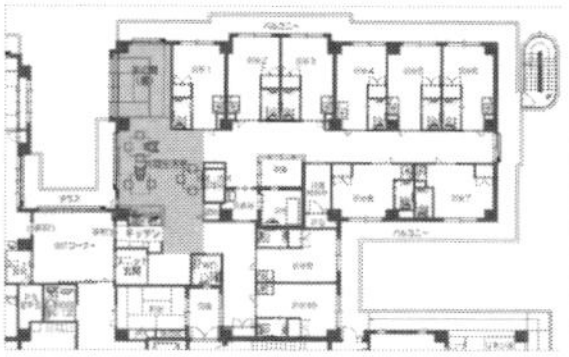 上げ下げできる畳の茶の間を設置	 畳が下りた状態	56.34㎡ 351.63㎡
特養B	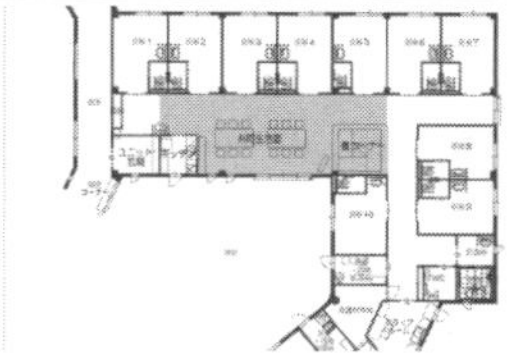 畳コーナーを設置	 小上がりの畳コーナー	69.57㎡ 344.46㎡
特養C	 共同生活室を家具で分ける		63.26㎡ 323.11㎡
特養D	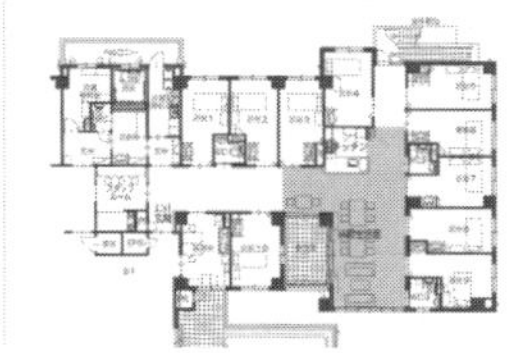 L型の共同生活室	 キッチンから両コーナーを見渡す	58.24㎡ 300.13㎡
特養E	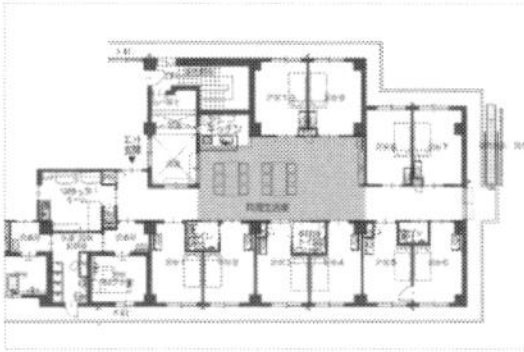 敷地の制約で最小のユニット面積		54.62㎡ 294.55㎡

2）雰囲気づくりの重要性

複数の人が集まり住む場合、共同で使う場所をどのように性格づけるかは重要です。調査の際、入居者と一緒に過ごしてよくわかったのは、共同生活室でも、一人ひとりが独立して時間を送っていることが多いということです。ユニット内に住む10人が常に同じ空間にいるわけではなく、居室以外でも１人で過ごせる場所が必要な場合があります。

特養C、Dでは、ある程度独立した雰囲気をつくるようにしました。この2つの特養は、共同生活室を2つの空間に分けています。特養Cは低いつくりつけの家具で2つの空間に分けています。見通しはありますので、全体は見渡せるのですが、座ってみると小さな気持ちのよい空間に分かれます。特養Dは共同生活室をL型に折り曲げて2つの空間をつくっています。キッチンからは両方の空間を見守れるようになっています。

3）コストも計画の大きな要素

このようにさまざまな工夫が可能なのですが、忘れてはいけないのがコストの問題です。特養AからEまでを比べてわかるように、ユニット面積には300㎡から350㎡の開きがあります（**図表1-2-25**）。この15％の差は、コストにすれば1,000万円になり事業収支に大きな影響を与えます。

4）共同生活室の形は、住み方のコンセプトで決める

特養Aでは、ユニット面積は大きいのに、共同生活室の面積は小さくなっています。これは日中過ごす場所を共同生活室1か所に限定するのではなく、茶の間や廊下の窪みなど、落ち着ける場所を複数つくろうというコンセプトに基づいて計画したからです。

特養Dは、ユニット面積を300㎡に抑えることからスタートしました。平均要介護度は高くなることが予想されていて、見守りと複数の居場所という課題を比較的面積の小さな共同生活室で解決しています。

これらの例からわかるように、共同で過ごす場所をどのように性格づけるかで建築計画は大きく変わってくるのです。

❷有料老人ホームの食堂・多目的ルーム

特養はユニットケアが多く少人数での食事となりますが、高齢者住宅の場合は食堂を1か所にして大勢で食事をするタイプが多くなります。特養と違い、食堂が多目的に使われることはありません。その代り、リハビリ室、趣味の部屋など、施設によって特色ある共用空間がつくられています。

高齢者住宅でも、認知症や要介護度の高い人の入所を積極的に受け入れるようになってきました。その結果、食堂も1か所にするのではなく、要介護度の高い人の居室の近くに食堂を設置するなど、全体で複数の食堂を持つ施設が増えてくるでしょう（**図表1-2-26**）。大きな食堂への移動が難しくなった人の食堂を別につくるスタイルです。つまり、共同で使う食堂と浴室が、移動の難しい人に近づいていく計画になります。

【図表1-2-26】複数の食堂を持つ例

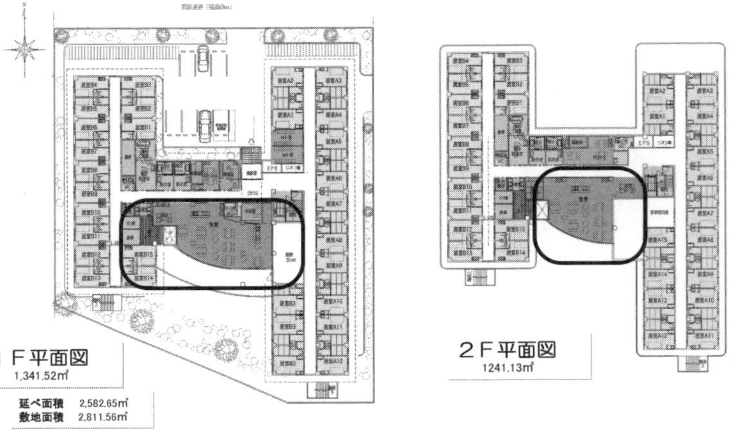

(6) キッチン　食事提供方法

高齢者住宅の特徴の１つは、食事を居室ではなく食堂で行うことです。これは介護施設も高齢者住宅も変わりはありません。食事は高齢者にとって楽しみであり、また健康を維持するためにも食事をどのように提供するかは大きなテーマとなります。

高齢者住宅では、厨房と食堂を隣接させますが、特養では、厨房から各ユニットの食堂へどのように食事を運ぶかが検討事項となります。高齢者住宅でも今後、要介護度の高い人たちの居室近くに食堂を設けるケースが増えてきますので、同じ問題が生じます。

❶変化してきた特養のユニット内キッチン

ユニット型特養がつくられ始めたころは、キッチンをできるだけ家庭の雰囲気に近づけ、元気な高齢者は手伝いができるようにという前提で設計しました。病院で使われるような温冷配膳車は大型で危険だし家庭的な雰囲気を壊すという理由で、ユニット内に入れてはいけないという行政指導までありました。その後、食事のつくり方や運搬方法に選択肢が増え、その施設の考え方に合った方法を検討できるようになりました。

❷食事提供方法の多様化

入居者への食事の提供は一般的に、施設全体を対象にした主厨房と、ユニット内のキッチンとで作業を分担して行われます。その方法は4種類に分かれます。

1）皿盛タイプ

- 主厨房で個別の皿への盛りつけまで行い、ユニットケアワゴン（**図表1-2-27**）でユニットまで運びます。ユニットケアワゴンは温める部分と冷やす部分に分かれ、温冷で運べるようになっています。
- ユニット内での盛りつけは行いません。
- ご飯、味噌汁などは、ユニット内キッチンで準備される場合もあります。
- 食器は下膳カートで主厨房へ運ばれ、洗浄保管されます。
- 入居者の状況に応じて、個別の料理の提供が容易にできるのが特徴です。

【図表1-2-27】ユニットケアワゴン

写真：「ユニットケアワゴン」ニチワ電気

2）ホテルパンタイプ

・主厨房よりホテルパンで調理済み食材をユニットに運び、ユニット内キッチンで皿に盛りつけます。

・リーバーサーモポート（温冷保管庫、**図表1-2-28**）で運びます。

・ご飯、味噌汁などは、ユニット内キッチンで準備される場合が多いです。

・食器は下膳カートで主厨房へ運ばれ、洗浄保管されます。

・ユニット内で盛りつけをするため、家庭に近い雰囲気が出やすいのが特徴です。

・個別食が増えると、スタッフの負担が増え対応が難しくなります。

【図表1-2-28】リーバーサーモポート

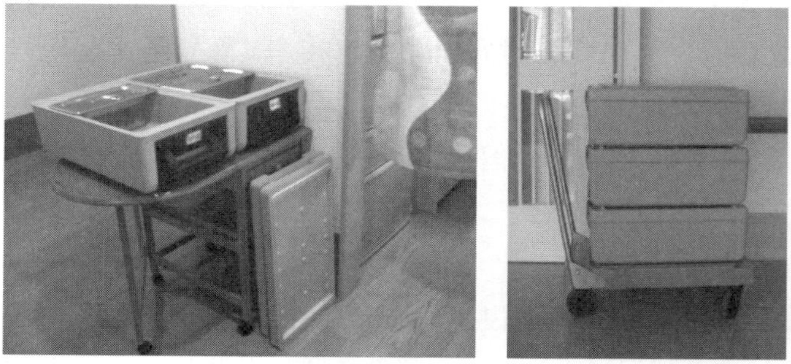

写真：「リーバーサーモポート」エレクター

3）トレイメークタイプ

・主厨房でトレイに各人の食事がセットされ、温冷配膳車（**図表1-2-29**）でユニットへ運ばれます。

・ユニット内ではトレイが配られるだけで、配膳作業は行われません。

・ユニット内のスタッフの作業が一番少ないタイプです。

・ユニット内で配膳作業が行われませんので、家庭的な雰囲気ではないともいわれます。

・治療食など個人別の食事の用意がしやすいタイプです。

【図表1-2-29】温冷配膳車

写真：「温冷配膳車」ホシザキ電機

4）ユニット調理タイプ（委託タイプ、自営タイプ）

・主厨房で下処理まで行い、ユニット内キッチンで加熱、配膳を行います。

・食器は主厨房で洗浄保管を行います。

・家庭と同じ食事準備風景となります。

・ユニットキッチンでの調理を委託する場合と、自営の場合があります。委託する場合は、他の3タイプに比べて委託費は約2割高くなります。

・自営の場合はスタッフの負担が大きくなり、多くの場合スタッフ人数の増加が必要とされます。また、栄養士の配置やユニット内キッチンの保健所許可の問題が生じます。

3 調理タイプの選択

上記の4種類をユニット内での作業が多い順に並べると、

①ユニット調理タイプ

②ホテルパンタイプ

③皿盛タイプ

④トレイメークタイプ

となります。

最近弊社の設計で多いのは皿盛タイプやホテルパンタイプですが、温冷保管庫で運ぶのでなく、台車や手運びで運ぶ方式です。主厨房とユニットキッチンの距離が短く、温冷保管庫で運ばなくても十分おいしい食事が提供できるという判断でこの方式を行っています。もちろんコストは安くなります。

それぞれの調理タイプで、コストや雰囲気が違いますので、特養や高齢者住宅の設計における大切な検討項目となります。

(7) 玄関・廊下

1 玄関

特養や高齢者施設には、玄関の要素を持った場所が複数あります。１つは施設全体の玄関で、もう１つはユニットの入り口や居室の入り口を玄関として扱う場合です。

1) 施設玄関

玄関は施設の考え方によって形はさまざまですが、共通した機能がいくつかあります。

(a) 寒い外気を施設内に入れない

玄関は施設の中で最も外気が入る場所です。特に冬季の寒い風が入ることを防ぐ必要があり、そのために設置されるのが風除室です。風除室は2つのドアを設置し、2つのドアが同時に開かないようにして、風が直接施設内に吹き込まないようにします。小さな風除室を見ることがありますが、通過したドアが閉まりきらないうちに、次のドアが開くようでは役に立ちません。

(b) 靴についた泥やほこりを施設内に持ち込まない

あまり関心が持たれていませんが、玄関には、靴についた泥などを施設内に持ち込まない機能が必要です。最も簡単な方法は下足の履き替えで、この方式を採用する施設も多くあります。特養でも近隣の方へ積極的に施設を開放する場合は下足で入ることがありますし、高齢者住宅では履き替えをせずに施設内へ入る方式を採用しているところも多くあります。

その場合は、風除室内の床に泥を取るマットを敷いて対応します。マットの上を8歩歩けば80％程度の泥は取れるといわれています。施設内の清掃の手間を軽減するために、マットはこの長さを確保するとよいでしょう。

(c) 手洗い

最近の設計では、感染症対策として玄関に手洗い設備を設置することが多くなりました。

(d) 受付・監視

来客への対応とともに、入居者が無断で外へ出ないように見守る機能も必要です。見守りを厳密に行う場合は、玄関ドアに鍵をかけ、事務室内の操作で開けたり、ドア近くにテンキーをつけて無断で出られない工夫をしたりします。

2) ユニット玄関

特養ではユニットを1軒の家と考えるケースが多くあります。その場合は、ユニットの入り口や入ってすぐの空間に工夫を凝らして、家の玄関風にします（**図表1-2-30**）。

ユニットを家と考えるときには、このユニット玄関で履き替えを採用するケースもあります。

【図表1-2-30】ユニット玄関（特養「第二天神の杜」）

3）居室玄関

入居者にとって、本当に個人で過ごせるのは居室です。したがって居室は本人にとっての家であり、共同生活室はすでに社会的な場所であると発想する場合もあります。

このケースでは、居室入り口のしつらいが問題となります。

(a) 家の表札に当たるものをどうするか

病院では個人のプライバシーを守るため、病室の入り口には名前を載せない場合もありますが、特養など介護施設では、積極的に名前を載せています。単純に名前を載せるものから、本人のこだわり品を飾る場所を設けるなど、さまざまな工夫がなされます。ポケット付きの引き戸（コマニー（株））も市販されており、ポケットの中に自分に縁のある物を入れることができます（**図表1-2-31**）。

(b) 家の独立性と見守りをどのようにするか

４人部屋が主流だったころは、居室入り口ドアは見守りのため透明ガラス窓をつけることが多かったのですが、個室になってからはプライバシーを守るためガラス窓がないか、不透明ガラス窓のドア

【図表1-2-31】居室入り口

子扉に表札をつける
(特養「第二天神の杜」)

入居者に縁のものを飾れるポケット
付ドア(特養「まごころ園」)

写真:「やさしいドア」コマニー

がほとんどです。

今後、高齢者住宅では居室の独立性が求められていきます。顔認証システムの採用など、居室の独立性と介護の人の入りやすさを兼ね備えた仕組みが増えていきます。

❷廊下

廊下は単なる通路ではなく、重要な生活空間です。弊社の設計した特養では、さまざまな形態と機能を持った廊下があります。

1)機能訓練に使える回廊式廊下

特別養護老人ホーム「豊の里」(京都府福知山市)はユニットを平屋に配置した特養ですが、各ユニットをつなぐ廊下を積極的に利用しています(**図表1-2-32**)。回廊のところどころにはいすが置かれ、談話できるスペースとなっており、また、高齢者がゆっくりと歩くことができる屋内の遊歩道にもなっています(**図表1-2-33**)。回廊で囲まれた中庭には四季の花が咲き、屋内の散歩をいっそう気持ちのよいものにしています。

【図表1-2-32】散歩道になる回廊

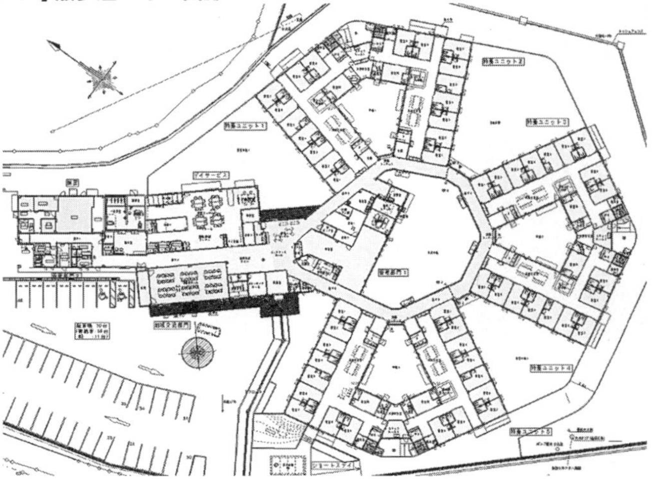

【図表1-2-33】回廊での談話コーナー

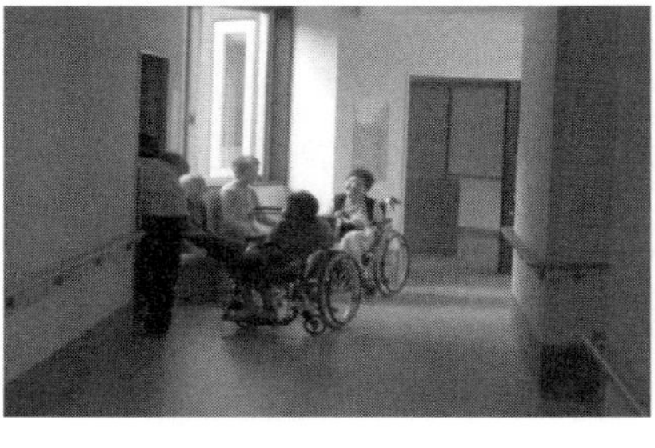

2）直線でない廊下

特別養護老人ホーム「第二天神の杜」（京都府長岡京市）では、途中にいろいろなしつらいのある廊下をつくり、入居者が距離を感じない工夫をしました。居室の壁の位置は直線状にせず、凹凸をつけ、隣の居室の入り口の間にワンクッションとなる格子を入れました。また、場所によって天井を下げています（**図表1-2-34**）。こうすることで、植物を置いたり、いすでくつろいだりできるスペースになっています。

また、廊下には手すりをつけませんでした。手すりがぐるりと回っていると、通常の住宅とは異なった表情になってしまうと考え、凹凸のある壁面に家具や格子をつけて手すりの代わりにしようとしたのです。

【図表1-2-34】生活空間となっている廊下

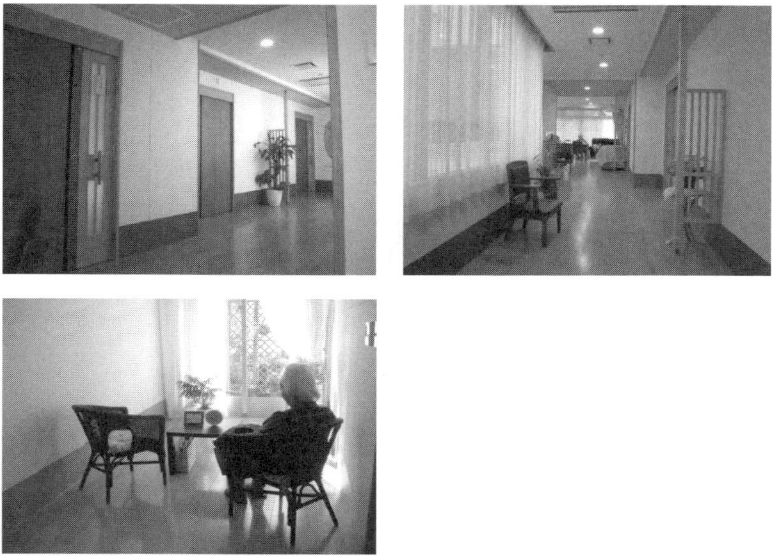

（8）地域との関わり

ユニット型特養では入居者はそれぞれのユニットを生活の拠点としますが、多くの特養はユニットとは独立した「多目的室」「多目的ホール」などとよばれる部屋を持っています。これはユニット型特養がつくられ始めたころ、補助金交付の条件として、地域住民も使用できる多目的室の設置を義務づけた自治体が多くあったからです。

その結果、玄関近くに会議室のような部屋を設けることになるのですが、近隣の方にはそれほど利用されず、入居者にとっても季節の行事に使用される程度で、毎日の生活の場となっていない施設が多くあります。

1 多目的スペースを積極的に利用

弊社が設計した施設の中で、この多目的スペースを最も多様に使っているのは、特別養護老人ホーム「グレイスヴィルまいづる」(京都府舞鶴市)です。10年前に、当時話題になっていた、オーストラリアのアダーズ・ナーシングホームの考え方を取り入れてユニット部分を設計しました。多目的スペースは会議室のように独立したものではなく、エントランスホールと一体になった広い空間です。区切られていないので、使い方には工夫が必要ですが、さまざまな目的に使われています(**図表1-2-35**)。

【図表1-2-35】多様に使える広い空間

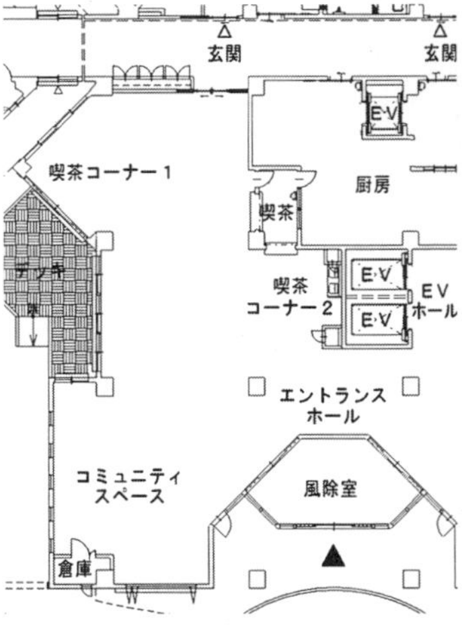

1）一般の人も利用できる喫茶

多目的スペースの一角にボランティアによって運営される喫茶があり、近所の人が立ち寄って利用しています。

2）隣接する小学校の児童の遊び場

隣接する小学校との交流が活発に行われていて、児童が手づくりの作品を持って施設の高齢者を訪ねてきます。そのときにも、多目的スペースが利用されます。

3）見学者への説明、食事

見学者への説明や食事も、この広い多目的スペースで行われます。特に区切られておらず、説明する横を入居者や家族が通り過ぎていきます。また、喫茶利用の高齢者がコーヒーを飲んだりしています。

4）各種行事に利用

各種行事も多目的スペースで行われます。隣接する小学校の児童が積極的に参加し、広いスペースがいつも満員状態になります。

*

「グレイスヴィルまいづる」では、多目的スペースが入居者、家族、来訪者によって積極的、日常的に利用され、生かされた場所となっています。

❷2つの新しい多目的スペース

地域密着型介護老人福祉施設「橘」（京都府福知山市）の計画を行う際には、事業主の方に「グレイスヴィルまいづる」を見学してもらいました。それにより多目的スペースの役割を再検討し、独創的な多目的スペースを持つ施設がつくられました。

1）多目的スペースをセカンドリビングに

「橘」では「グレイスヴィルまいづる」で行われている多目的室の使い方をさらに発展させ、多目的室をセカンドリビングと位置づけ、入居者がより日常的に利用する場所としました（**図表1-2-36**）。ユニット内で生活が完結するのではなく、動ける人はユニット外にも出会いの場を持とうという発想です。

【図表1-2-36】セカンドリビング

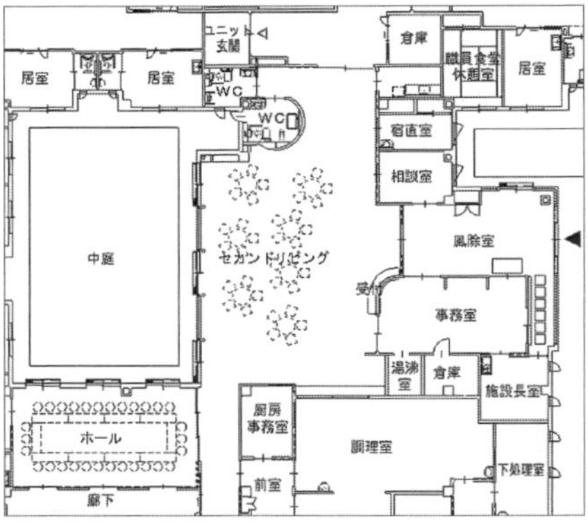

セカンドリビングは玄関ホールとユニットの間に配置され、ユニットを訪問する人がここを通りますし、入居者もセカンドリビングとしてユニットから出てきます（**図表1-2-37**）。また、このスペースを育児サークルに使っていただく予定です。

【図表1-2-37】セカンドリビング

2）足湯のある多目的スペース

地域の方への開放をより積極的に考えたのが、地域密着型介護老人福祉施設「山田井の郷」（愛媛県四国中央市）です。この特養は周囲が田畑で、農家の方が毎日通る道筋にあります。地域住民に親しみを感じていただける施設となるよう、農家の方が気軽に立ち寄れる足湯を1階の多目的ホールにつくりました（**図表1-2-38**）。

また、四国中央市は映画『書道ガールズ!!』で有名になった書の街です。多目的ホールや玄関ホールなどは、地元書道家の書がかけられたギャラリーとなっています（**図表1-2-39**）。

【図表1-2-38】車いすでも利用できる足湯

【図表1-2-39】書と足湯のある多目的スペース

(9) スタッフステーション

入居者が安心して毎日を暮らすには、職員からどのように見守られているかも大切な要素です。高齢者住宅では通報設備を利用し、できるだけ少ない職員数で夜間の見守りを行います。

特養では夜間2ユニットを1人の職員が見守らなければいけません。そのため、ユニット型特養では2ユニットを隣接してスタッフステーションを共有するプランが採用され、そのタイプにもさまざまな工夫が凝らされています。

❶特養は2ユニット1グループのプラン

1) スタッフステーション、浴室、洗濯室などを2つのユニットの中間に置くタイプ

この方式は多くの特養で採用しています(**図表1-2-40**)。

【図表1-2-40】2ユニット1グループ

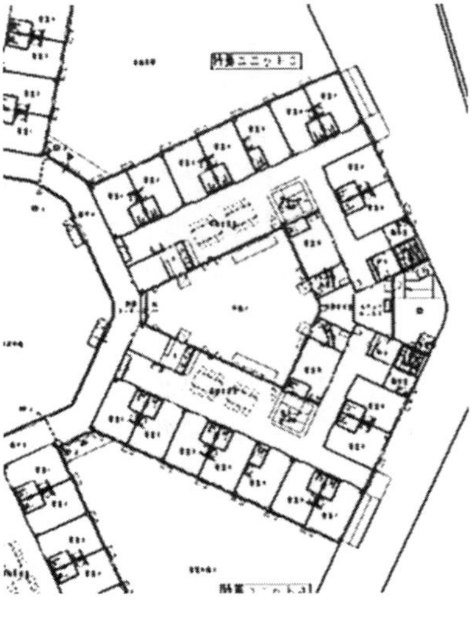

2) スタッフステーションを2つのユニット内キッチンの中間に置くタイプ

自由に出入りできる中庭を囲む2ユニット1グループのプランです(**図表1-2-41**)。この2ユニットは、厨房から運ばれる食事配膳をスムーズにするために、玄関の最寄りにキッチンを配置しています。ユニット奥の水回りをつなげることはもちろんですが、キッチンが見守りの拠点になることから、2つのキッチンをつなげて、2ユニットの連携・夜勤をスムーズにしたいというのが事業主の要望でした。

ふだん、職員はキッチンにいて、必要に応じて、中間のスタッフルームを通り、隣のユニット職員との情報交換を行っています。

【図表1-2-41】2ユニットの中間にスタッフステーション

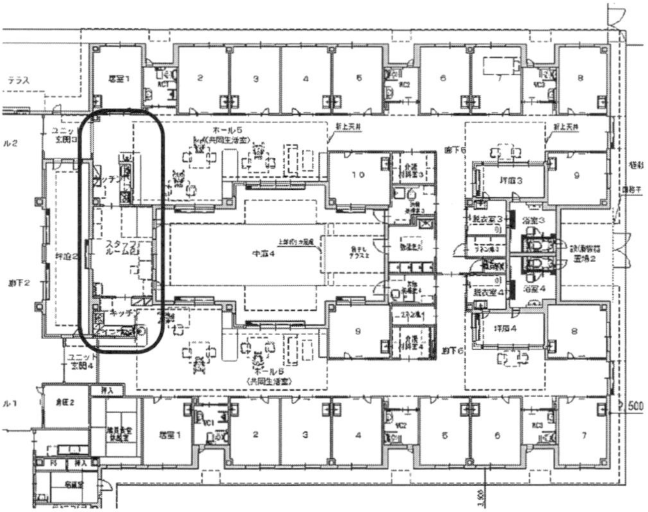

3）スタッフステーションを特別につくらないタイプ

夜勤は、ユニット玄関の脇に設けた勝手口を開放し、談話コーナーもしくは共同生活室で行います。キッチンが見守りの拠点となり、共同生活室はもとより、ユニット玄関や通路の気配に気づけるように要望されました。また、キッチン奥の一角には、小さなパソコンカウンターのみを設置しました（**図表1-2-42**）。

【図表1-2-42】スタッフステーションなし

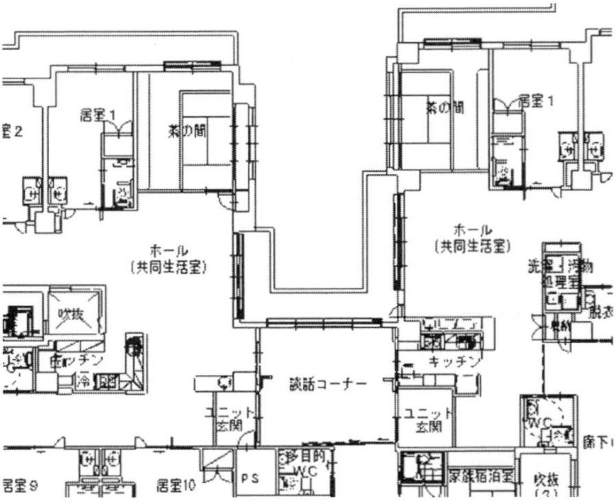

2 高齢者住宅のスタッフステーション

今後は、有料老人ホームやサービス付き高齢者向け住宅も要介護度の高い人を積極的に受け入れていくことになります。

要介護度の高い人専用ユニットをつくるプランも増えていきます。特養のように10人という少人数のユニットではなく、20～30人程度のユニットになり、見守り、記録などのための簡単なスタッフステーションをユニットごとに設けます。その場合も、通報設備を利用して職員の人数を増やさない工夫が必要です。

3 快適な環境づくりに重要な設備機器

（1）通報設備

高齢者の住まいに必要な設備の１つに緊急通報装置があります。当初は病院で使用されるナースコールを使うことが多かったのですが、最近は高齢者用施設に適した製品が発売されています。

ただし、特養などの介護施設と高齢者住宅では必要とされる機能に違いがありますので、注意が必要です。

❶「緊急通報」「安否確認」「生活相談」

高齢者の生活に関係している通信手段の機能としては、「緊急通報」「安否確認」「生活相談」があります。

1）緊急通報装置

トイレ、浴室、寝室などに備えられ、呼び出しボタンを押すとスタッフが駆けつけます。

【図表1-3-1】緊急通報装置

ナースコール

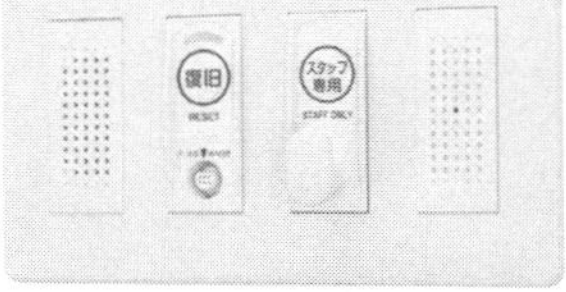

写真：「ナースコール」CARECOM

緊急通報装置

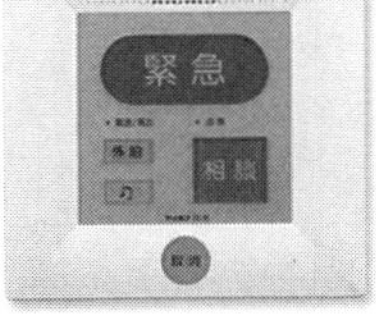

写真：「緊急通報装置」アイホン

ペンダント型緊急通報装置

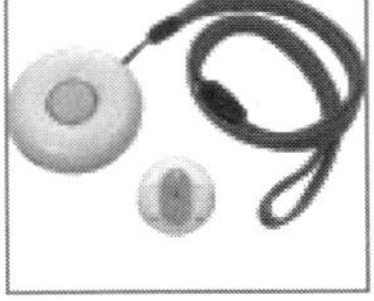

写真：「ECペンダント」CARECOM

2）安否確認

人体検知センサーや水量センサーによって、見守りを行います。高齢者が倒れて動けなくなるなどしてセンサーが一定時間検知しないと通報され、高齢者住宅での生活に安心感をもたらします。

【図表1-3-2】人体検知センサー

天井つき人体検知センサー

写真：「生活サイクルモニタセンサ」CARECOM

壁つき人体検知センサー

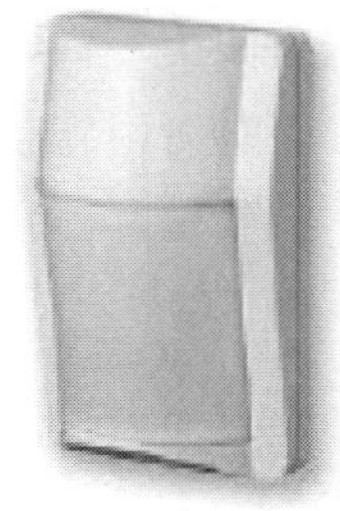

写真：「パッシブセンサー」ダイ・エレクトロニクス

3）相談機能

電話設備、インターホンによって、スタッフへさまざまな相談を行うことができます。

【図表1-3-3】相談機能

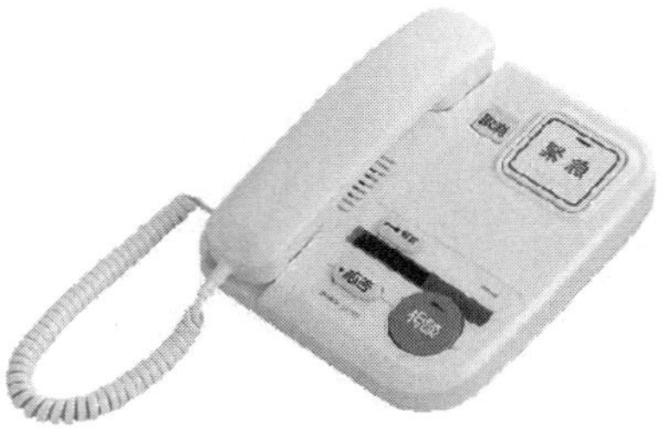

❷高齢者住宅の通報設備

サービス付き高齢者向け住宅では、状況把握サービスと生活相談サービスが必須となっています。

状況把握サービスでは、入居者の安否確認および見守り、緊急通報サービスなどを行うことになります。夜間など管理人等が不在となる場合は、緊急通報設備や安否確認設備により状況把握をすることも可能です。

生活相談サービスでは、管理人等の職員が入居者の相談を受けることとなり、室内で起きた問題から介護や医療面で困ったことなど生活全般で起きた問題への対応が必要となります。特に通信手段を使う義務はありませんが、双方向の会話ができない緊急通報装置だけの設置だと、通報があれば毎回現場まで出向かなければなりません。通報の多くは緊急性を要さず、会話で用事がすむことも多いので、双方向の会話設備を採用している施設がほとんどです。

一般的にサービス付き高齢者向け住宅では、人員配置が非常に少なく、管理人1人という施設が少なくありません。管理人が行う業務は多く、来訪者のインターホン対応、玄関の開錠、緊急通報装置への対応、入居者からの生活相談などがあります。管理人が事務室を空けることも多いため、これらの業務はPHSや持ち運びが可能な情報受信設備を利用して行われます。

❸特養の通報設備

特養では生活相談を受ける必要はありません。認知症の人の離床センサーは使われていますが、人体検知センサーまで設置するところは多くありません。特にユニットケアでは、10人の入居者の生活パターンが把握されていて、センサーに頼らなくても安否確認ができると考えている施設もあります。

ただ、これからどんどん進歩する通報設備の性能を把握し、職員の負担軽減を考えてコストをかけるかどうか検討することは重要です。

❹3種類の機能を併せ持った製品

「緊急通報」「安否確認」「生活相談」という3種類の機能を併せ持った製品が出てきています。当然、機能によって価格はまったく違います。そのため、各施設に必要とされる機能を吟味し、できるだけ低いコストで対応することが求められます。製品の比較は設計者に任せればよいのですが、どのような機能が必要かは事業者が決めることになります。

（2）空調換気方式

❶住み心地のよい居室とは

居住環境によって大きく変わるのが、空調換気に関わることです。高齢者施設では、食堂などの共用部分は業務用の空調機により一定の温度が保たれ、各居室には小型の空調機が置かれ個別の温度をコントロールしているので、冷暖房の設備は自宅より充実しているといえます。ただ、自宅では気にならなかったかもしれない、冬季の乾燥と、換気による外部からの空気流入対策が問題として出てきます。

以下は、高齢者の冷暖房に必要な機能です。

a）安全であること。

b）手間のかからないこと。

c）乾燥の問題への対応。

d）換気をどうするか。

a、bは特に説明しなくても理解できるでしょう。問題は、cの乾燥とdの換気です。若く元気な人の居室では、「窓を時々開ける」程度の対応ですみますが、高齢者にとっては住みやすさを決める大きな問題です。

❷加湿（冬季）

エアコンの暖房では部屋が乾燥します。高齢者にとっては、長い時間を過ごす部屋が乾燥していると、風邪などをひきやすい状態になります。高齢者住宅では、食堂や廊下など共用部門の空調を加湿つきで行っている場合もあります。施設全体である程度加湿されるので、環境としてはよくなります。

ただし、居室内まで加湿つきの空調機を設置することはあまりありません。市販の加湿器を置くこともありますが、自分で水を足すことができなくなれば、この方式を続けることも難しくなります。

運転時に加湿できるエアコンは、当然値段が高くなります。このエアコンを居室に設置するのと、値段の安いエアコンと加湿器を別に購入する方法を比べると、後者の方がコストは安くなります。

加湿器の水の補充を本人ができるうちはよいのですが、身体の不自由な人が増えてくれば、施設運営者で行うことになります。その場合、毎日の水の補充業務にかかる費用と、費用が高い加湿つきの空調機を採用するかの判断が必要となります。最近では加湿つきの空調を選択する事業者も増えてきています。

❸換気

ここ数年の高齢者住宅の設計で、毎回慎重に検討を行っているのが換気方式です。気密性の高い建物では必ず居室にも換気扇をつけます。特に最近はシックハウス対策のため24時間換気が義務づけられましたので、24時間換気扇を回す設備が必ず設置されます。
問題は、換気の給気方式にあります。室内の空気を外へ出せば、必ず同じ量の空気が入ってきます。昔の住宅は隙間があり、どこからか新しい空気が入ってきたのですが、現代の建物は気密性がよく、必ず給気をしなければ十分な換気はできません。
給気方式で最もコストが安いのは、外の冷たい空気をそのまま入れることです。24時間換気が動いていれば、常に外の冷たい空気が入ってきます。居室内にトイレが設置されているタイプの部屋では、大便をして換気扇を回すと、大量の冷たい外気が入ってきます。冷たい外気が直接室内に入ってくることは、住み心地を考えると最悪ですが、この方式を採用している高齢者施設も多くあります。これを防ぐには、熱交換ができる換気扇を使います。これは寒い外気を部屋に入れるとき、室内の暖かい空気と熱だけを交換して、少し暖まった外気を入れる仕組みです。この方式は、外気をそのまま入れる方式と比べて１室当たり約10万円設備費が高くなります。
居住環境をよくすれば、その分、イニシャルコストがかかります。どのレベルの居住環境を提供するかは経営的な判断が必要とされます。

4 高齢者住宅で留意すべき内装材

（1）床

1 高齢者住宅居室の内装は床が大事

高齢者住宅の居室の内装材で、検討を要するのが床材です。壁材や天井材には、高齢者住宅だからといって特別な機能は要求されません。しかし、床材は高齢者施設特有の機能が必要です。

その機能とは「衝撃吸収性」と「キャスター走行性」です。医療・介護施設でもこの機能は必要ですが、特に高齢者住宅では大切な要素となります。

1）衝撃吸収性

転倒による骨折は、高齢者にとって大きな問題です。転倒時の衝撃を和らげるためには、クッション性のある材料がよいのですが、コンクリートの床に仕上げ剤を直に貼るよりも、コンクリートの上に木材か金属で床組みを行い、仕上げ材を貼る方が効果的です。これを二重床といいます（**図表1-4-1**）。

【図表1-4-1】二重床

◆衝撃吸収性測定値（数値が大きいほど衝撃が大きい）

コンクリート	150
塩ビ床材（コンクリートに直貼り）	143
タイルカーペット（同上）	125
畳（同上）	55

出典：東リカタログ

上記を見ると、塩ビ床材よりタイルカーペットの方が転倒時衝撃は少ないことがわかります。畳はカーペットの半分以下です。カーペットの下地にクッション材を敷き詰めると測定値は90前後に低下します。二重床にすると、中心部で44、下地の根太の上で66となり、衝撃吸収性は畳並みとなります。この理由から、弊社の設計では特養などは原則すべてこの二重床としています。

2）キャスター走行性

医療施設や介護施設では、塩ビ系の床材が多く使われています。それは掃除のしやすさと車いすの走行性のためです。下記は「キャスター走行性」を示す数値です。

これによると、塩ビ系床材に比べ、タイルカーペットのキャスター性能が劣ることがわかります。さらに、塩ビ系床材の欠点である衝撃吸収性をよくするために下地にクッション材を使うと、キャスター性能が極端に低下します。

◆キャスター走行性（負荷数値の大きい方が走行性がよい）

塩ビ系床材	310
タイルカーペット	90～140
塩ビ系床材+下地クッション材	100

出典：東リカタログ

3）「衝撃吸収性」「キャスター性能」「住宅らしさ」をすべて満たす床材はあるのか

二重床に塩ビ系床材を貼れば「衝撃吸収性」と「キャスター性能」はクリアできます。塩ビ系床材はさまざまな種類が出ていて、木材に見えるものもあれば、ある程度「住宅らしさ」を感じる製品もあります。またカーペットでもキャスター性能を改善した製品が出ているので、見本を取り寄せ、実際に車いすを押してみることをお勧めします。

4）ノロウイルス対策の床材

最近、高齢者施設の床材を決める要素にノロウイルスが発症した場合の吐《と》瀉物《しゃぶつ》の処理に適したものという条件が加わりました。この点では、塩ビ床材が断然適しています。次亜塩素酸での床の消毒に耐えられる製品がありますので、二重床にして塩ビ系床材を選ぶのが最近の傾向です。

（2）手すり

❶手すりは高齢者の体の状態に合わせるのが理想

高齢者の施設で手すりは必須ですが、手すりにも難しい問題があります。高齢者の動きを補助する道具は本来、それを使う高齢者に合わせて設置されるべきです。ところが、手すりは前もって設置するため、形状や設置高さなどを利用者の体の大きさや不具合の状況で決めるのではなく、ある平均の寸法で設置せざるをえません。

この対策として、メーカーでも開発を進めています。積水ホームテクノの介護用ユニットバスは、内部の手すりを動かすことができます。これは利用者の体の状態に合わせて、手すりを使いやすい位

【図表1-4-2】積水ユニットバスの可動式手すり

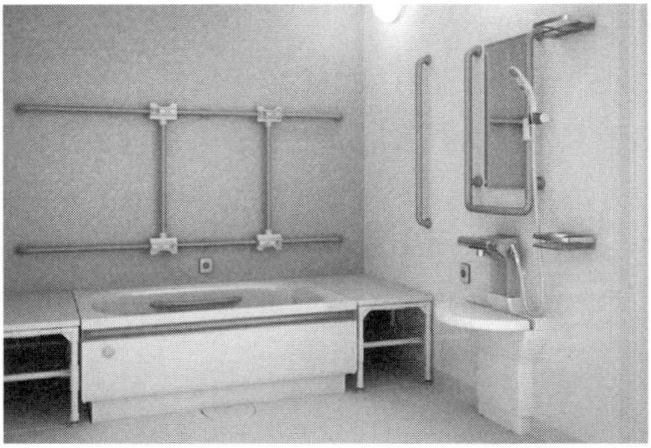

写真：「wells」積水ホームテクノ

置に移動するためです。

手すりは本来、このように利用者の特性に合わせることが必要です。しかし、多くの人が使用する場所では、このような対応は困難です。廊下の屋内消火栓の扉にまで着脱式の手すりをつけるなど工夫をし、できるだけ連続した手すりをつくりますが、廊下幅３ｍのところでは、こちらの壁から反対の壁へ手すりなしでどう移動するか、いつも事業者と悩みます。

❷手すりは必要か

手すり使用の実態を調査し、結論を出した例があります。地域密着型特別養護老人ホーム「ここのか」（兵庫県豊岡市）の記録です。

> ユニットの形状が雁行《がんこう》（ギザギザの形状）しています（77ページ**図表2-1-2**）。実際に利用者が生活する際に支障がないか、雁行している壁にどのように手すりを設ければ利用者が自由にユニット内を移動することができるのかを検討する必要を感じました。そこで、施主がすでに運営されている特別養護老人ホームを訪ね、

お年寄りがどのように手すりを持ち、歩いていらっしゃるかを見学させていただきました。その結果、開所から時間が経ち、平均要介護度が上がってきた施設では、手すりを使用し歩行できる方がほとんどいなくなっていることがわかりました（歩行できる方も、不安定な場合は杖や歩行器、老人車を使用していたため、手すりを持つ可能性のある方は70名のうち３名しかいませんでした）。また、廊下の手すりは扉のところで切れてしまうため完全にはつながっておらず、利用者の動きを見ていると、少なくともその部分を手すりなしで歩くことが可能な方のみ手すりを使って歩いていることが判りました。また、手すりを常に握って歩かれる利用者はおらず、触れるか触れないかという程度の利用でした。これらの分析によって、今回の計画のようなユニット形状でも、利用者の歩行が妨げられることはなく、また、手すりを設けるとしても将来的にはほんの数名の方のための手すりとなることがわかりました。そこで、必ずしも手すりが必要というわけではないと判断し、ユニット内には手すりを設けず（将来対応で下地のみ設けました）、ユニットの演出と、手すりの代用を兼ねた飾り棚をところどころに設けることとしました（**図表1-4-3**）。

【図表1-4-3】手すりがわりになる飾り棚のある廊下

（ゆう建築設計　伊藤健一）

5 建築デザインを変える福祉用具

（1）リフトは建築の形を変える

リフトを使用する施設が増えてきました。職員の腰痛問題を考えると、今後さらにリフトの使用は増えていくと思いますが、建築内容と大きく関わっていますので、早い段階でリフトを使用するかどうか、使用する場合はどのようなタイプのリフトを使用するか決めなければいけません。

リフトの使用は、居室内のベッドから車いすへの移動で行われます。これまで、居室の形やベッドのレイアウトは車いすの動きを検討して決めていました。今後はベッドサイドでのリフトの取り回しを考えて、部屋の大きさや居室内のレイアウトを決める必要があります。

自走式リフトをベッド横で操作するとき、リフトと車いすを同時に動かすことになります。このため居室内にかなり大きなスペースが必要です。実際の居室レイアウトをつくって実験してみると、最低2 m四方の広さが必要でした。居室の幅は従来3.0 mで設計することが多かったのですが、リフトの使用には3.3 mから3.4 m程度あった方が扱いやすくなります。

【図表1-5-1】ベッドサイドのリフトと車いすに必要なスペース

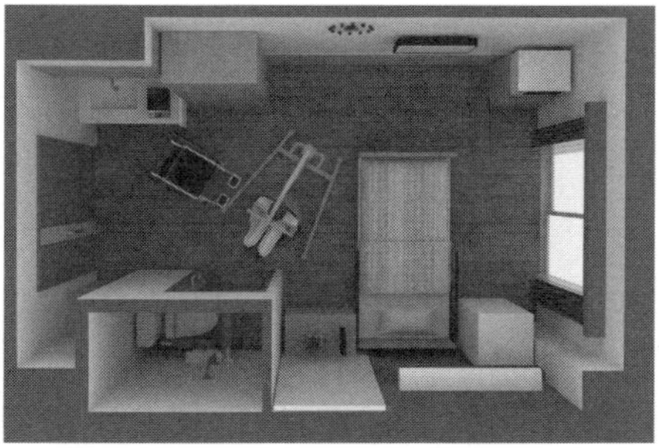

(2) ロボットの登場

介護用ロボットが実用化しつつあります。まだ発売されていませんが、介護関係者から注目を集めている商品も多くあります。

たとえばパナソニックが2014（平成26）年に発売予定の「車いす付きベッド」は、「片方のマットレスが折れ曲がって背もたれや足を支える部分となり、車いすとして使えるようになる。変形にかかる時間は1分17秒」という製品です。これを使用すれば、ベッドから車いすへの移乗がなくなり、居室内でリフトを使用することもなくなります。

車いす付きベッド、移乗介護ロボットなどが実用化されると、建築デザインは変わります。これからは、発売されるさまざまな福祉用具の用途を見極め、建築デザインを行わなければなりません。

第2章

建築デザイン戦略の立案方法

1　建築デザイン戦略の基本

（1）方針の確認

建築デザインを決めるのは、建築家の考えではなく事業者の考えです。事業者がどのように高齢者に向かい合うのか、その考え方が建築を決めます。

設計者は、事業者の方針に沿ってその実現に全力を注ぎます。事業者の方針への疑問点がある場合は、両者で徹底的に議論し、お互いに納得のいくものをつくりあげるのが建築デザインです。

介護に対する事業者の思いが建物の形を決めた2つの事例を紹介します。どちらも事業者の介護方針が強く打ち出され、それに沿って建築デザインを決めていきました。

事例１：普通の家にあるものでデザインする
――特別養護老人ホーム「第二天神の杜」（京都府長岡京市）

計画当初、事業者から建築に対する思いの提示があり、それに基づいてさまざまな建築デザインを検討した事例です。

コンセプト

設計するときに示された方針は、多くの特養とは異なるものでした。

・住宅にあるものだけで構成する。

・死角をデザインする。

・建築をつくりこみすぎない。

「住宅にあるものだけで構成する」というのは、特養が住まいであるという思いからです。施設としての設備を整える一方で、入居者の住まいとしてこれまでの生活スタイルを継続できるような居住環境づくりを目指しました。

「死角をデザインする」というのは、高齢者施設では、安全面から死角ができることを敬遠しがちですが、見通しのよい空間というのは高齢者からみれば落ち着かない場所となり、むしろ積極的に死角をデザインしようという試みです。死角があっても、職員は入居者の1日の動きを把握しているので、介護に問題はないと判断されています。

「建築をつくりこみすぎない」というのは、私たち設計者にとっては、少し耳の痛いことです。設計者があれもこれもとつくりこみすぎると、むしろ介護の邪魔になることさえ出てくるという判断です。

このような考えを設計の初期段階で聞いたうえで、具体的な設計

コンセプトの実現

【図表2-1-1】モデルプランとは異なるユニットプラン
共同生活室を取り囲まないユニットの形

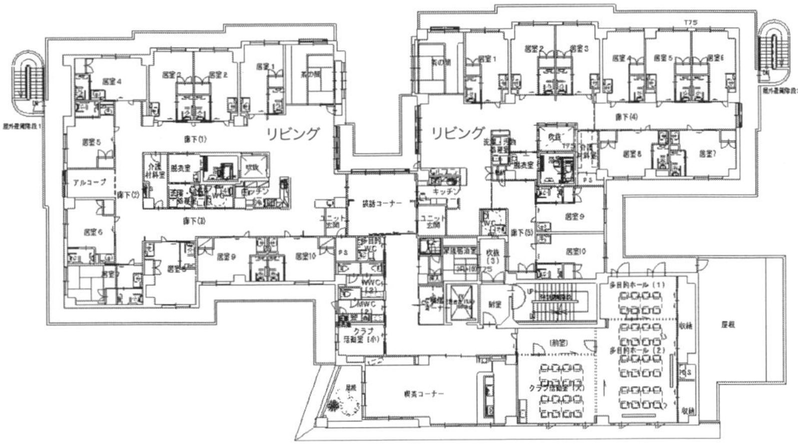

にかかりました。建築については、徹底的な議論と実地検証を行って決めました。吟味せずにつくると、介護の方法に合わないことが出てくるからです。

この計画の大きな特徴は、いわゆるユニット型特養のモデルプランとは異なる計画となっているところです（**図表2-1-1**）。ユニット型特養では、共同生活室（リビング・食堂）に面して10室の居室が取り囲むように配置される計画が原則であり、すべての入居者が平等に共同生活室に近いことが望ましいとされています。その場合、共同生活室に居室の入り口が並び、人が通り抜ける共同生活室となってしまいがちです。がらんとしたスペースの中央に入居者が集まって座るという共同生活室もよく見受けられます。

この計画では、共同生活室の位置を見直すところから始めました。平面図にその特徴がよく表れています。ユニット玄関からすぐに共同生活室を配置し、それらに面する居室がありません。共同生活室は、食堂と、少し区切られた茶の間で構成され、2面もしくは3面採光となり、明るい空間となっています。また、食堂と茶の間は背の低い障子の仕切りによって、あえて死角ができるようにしています。

事業主の方々の豊富な経験と観察力によって、入居される高齢者が過ごしやすい空間像が明確にあったこと、またその形を実現するため熱心に行政の方と協議を重ねたことにより、ユニット型特養のモデルプランとは異なる形が実現しました。このことにより共同生活室が通り抜けの場所ではなく、ゆっくり過ごすことのできる空間となりました。

（ゆう建築設計　岩﨑直子）

事例２：「我が家」「自律支援」「自分の時間」をコンセプトに
――地域密着型特別養護老人ホーム「ここのか」（兵庫県豊岡市）

事業者と弊社担当者が話し合う中で、方針を確認していきました。

コンセプト

「入居者それぞれの自分時間が流れる場所」――これが設計に当たり施主と施設のコンセプトについて多くの時間話し合った結論です。①入居者が今まで暮らしてきた「我が家」の延長を目指し、②入居者の残存能力を引き延ばす「自律支援」を心がけ、③入居者の「社会的関係」を職員・ご家族ともどもサポートすることで、入居者に「それぞれの自分時間」が流れる場所を創ることを目指しました。

(a)「家」は「核家族の家」

「居室は家でユニットは街である」ではなく、「居室は部屋でユニットは『家』である」。また、今後の入居者は拡大家族ではなく、核家族で人生を過ごされた人が多くなるとの予想により、１人でいたいときには１人でいることができるという、核家族特有の個人のあり方を実現できる空間を「家」と定義しました。それが、入居者にとっての「我が家」の延長になると考えています。

(b)「生活リズム」を生み出す自律支援

食事・入浴・排泄などの行為とその介助は、入居者にとって身体的にはもちろん精神的にも大きな影響を与えます。入居者の体の状況に応じて可能な限り自律支援を促すことにより、入居者の「生活リズム」が活力あるものとなると考えています。

(c)「人間関係のリズム」を生み出す共用空間

入居者の基本的な居場所は１人でいることができる居室ですが、共同生活のため、さまざまな人間関係が形成されます。入居者が生活していた地域や家族と入居者との関係、入居者同士の関係、職員と入居者との関係などを家族関係ではなく、社会的関係ととらえました。ユニットは入居者にとっての「我が家の延長」であることを目指す一方で、そこでの人間関係はあくまでも「疑似家族」といえます。それには、入居者の微妙な心情をくみ取ることができる新しいユニットの仕組みを創造することが必要です。居室と共同生活室という単純な図式に当てはまらない共用空間で、入居者それぞれが「自分の居場所」を感じられることが、入居者にとっての「人間関係のリズム」を生み出すと考えます。入居者それぞれの自分時間とは、食事・入浴・排泄・睡眠などの具体的な「生活リズム」と、1人でいたいとき、大勢でいたいとき、誰かといたいとき等、入居者それぞれの「人間関係のリズム」の両方をサポートすることで生まれると考えました。

コンセプトの実現　「人間関係のリズム」とユニットの形状

このユニットの計画で特筆すべきは、居室の配置とそれによって形づくられる共同生活室や談話コーナーなどの共用空間の形状です。大勢が集まるであろう場所には大きな窓を、1人や数人が集う場所には少し小さな腰窓を設け、天井にも起伏をつけることで、入居者が自分の「人間関係のリズム」に応じた居場所を、さまざまに選択できるように設計を進めました。スタッフは、中央に配置したキッチンからユニット全体を見渡せます。利用者にとっては、自由に過ごしつつも、互いの存在を認め、ときには言葉をかけあい気を配る、そんな共同生活を可能にする共用空間が広がります（**図表2-1-2**）。

ユニットの壁を雁行（ギザギザの形状）させることで、幅の広い廊下に一列に居室の扉が並んでいた従来型の施設とは異なり、利用者にとって住み慣れた住宅のスケールを実現しています。また、居室の入り口の雰囲気を部屋ごとに変えることで、利用者が自分の部屋を認識しやすくなりました。

（ゆう建築設計　伊藤健一）

【図表2-1-2】居場所を選択できるユニット内構成

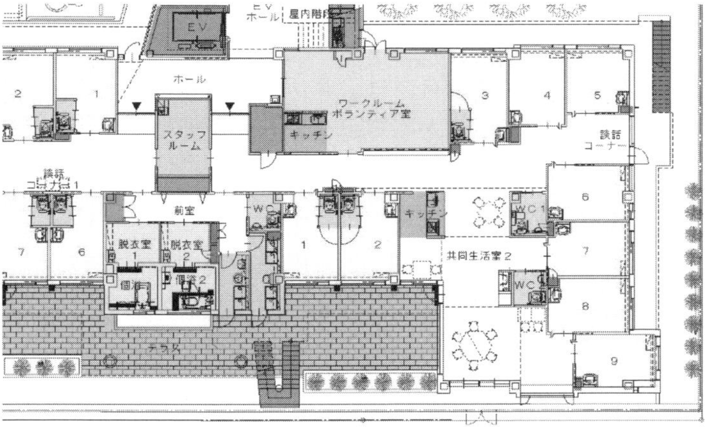

＊

これらの事例のように、事業者が高齢者に対してどのような思いを持っているか、どのような介護をしようとしているのかを確認するところから、建築デザインはスタートします。この2つの事例はいずれもユニット形状が独特です。これは他の特養と異なるものをつくろうとした結果ではなく、事業者や職員が自分たちの介護方針を検討していくうちにたどり着いたプランです。

小さな改修でも同じです。第4章の「4　デイサービス」（131ページ）で、デイサービスの古い風呂を改修する事例を挙げています。宇治市福祉サービス公社は3件のデイサービスを運営していますが、デイサービスの風呂が古くなったため改修を計画しました。3事業所の職員たちが、思いをまとめた結果、改修内容は各事業所で異なったものとなりました。大きな方針は一致していますが、細かい内容は個性あふれるものとなりました。

このように、大きな計画も小さな計画も、基本方針を語り合い、再確認するところから始めなければいけません。

(2) 社会の変化を読み込む

建築デザインを考える場合、社会状況の変化や社会が求めるものがどのように変わっていくかを見通すことが重要です。

❶規則の変化を先取りする

建物には建築基準法、消防法、福祉関係の規則など多方面からさまざまな規制がかかっています。詳細は建築家などの専門家に聞けばよいのですが、事業計画やデザイン戦略の検討をする際には、規則の変化に敏感でなければいけません。

特養の入所は今後、要介護度3以上となります。これまでも要介護度の高い人がメインでしたが、今後は車いす以上の人がほとんどとなります。この決定は特養の建築を大きく変えていきます。既存の特養も改修した方がよいことが出てくるはずです。

改修工事は現場のニーズで発生するのですが、今後の規則の変化や社会状況の変化を読み取って建築内容を決めていかなければいけません。

❷社会が求めるものの変化に対応する

事業者が既存建物を改修しようと考える大きな理由は、利用者の要求に合わなくなったためでしょう。このように、社会が求めるものの変化に対応することは、事業運営上大切なことです。

1）特養4人部屋を個室風に改修

ユニット型特養が推奨されるまでは、多くの特養では4人部屋が主流でした。「白川明星園特別養護老人ホーム」(京都府宇治市)では、個人のプライバシーを尊重し、1人の空間をつくるために個室風に改修しました。固定した壁はつくれませんので、障子や家具で仕切りました。4人全員のスペースをすべての窓に面するようにすることはできませんが、それまでのカーテンで仕切られただけの空間と比べ、格段に快適性が向上しました。その後、特養でも、ユニットケアとともに個室が義務づけられましたが、この特養の試みは入居者の住まいとしての環境を考えた結果、社会の変化を先取りした試みとなりました(**図表2-1-3**)。

【図表2-1-3】4人部屋を障子で個室風に改修

2）プライバシーを守り入浴を可能にするために

風呂の入り方は、この10年でまったく変わりました。入浴に時間はかかっても、個人が満足できる入浴方法を尊重するようになりました。個人の体の状況に合わせて満足感の高い入浴を提供するには、浴室の数を増やし、入浴方法の種類を増やさなければいけません。

高齢者総合福祉施設「しゅうざん」（京都府京都市）は、特養29

名＋ショートステイ10名＋認知症対応型デイサービス12名の施設ですが、特養＋ショートステイに個浴が4か所、デイサービスに個浴が1か所、全体で使用する特別浴室が2か所の構成となっています。デイサービスの人数が少ないため、特別浴室を1か所にする案もありましたが、今後の入浴方法の多様性を考えて、特別浴室を2か所としました。

「大浴場＋特別浴室」→「大浴場内に個浴の設置＋特別浴室」→「大浴場＋個浴＋特別浴室」と施設内の浴室構成は変化してきました。今後は個浴や特別浴室が、利用者の特性に合わせて多様化していきます。

*

このように入居者の求めるものを先取りし、新築、改修の内容を決めていく姿勢が大事です。

（3）入居者の変化を読み込む

第1章で、「体の変化に対応するデザイン」について説明しました。時間の経過とともに入居者や利用者の体の状態は変化するため、それに対応するデザインを考えることが高齢者施設の建築デザインの基本です。特に改修を行う場合、その時点での不備だけを改修しようとするのではなく、対象となる個人の体の変化、全体での平均要介護度の変化を見通してデザインしなければいけません。

（4）コストはデザイン戦略のポイント

建築デザインの評価は、限られたコストの中で介護方針に沿った内容を実践できるかによります。一般に建築コストは、目的とする機能を得るために建設工事費がどの程度かかるかを指しますが、介護施設のコスト検討はより複雑になります。それは建築方法によって、介護に関する費用が変わってくる場合が多いからです。建築コストと介護コストを同時に計算し、デザインの内容を決めなければいけません。

1 建築コストと介護コスト

建築コストには、イニシャルコストとランニングコストという考え方があります。イニシャルコストは、最初の建設にかかる費用です。建物は建てて終わりではなく、通常の運営で設備を動かす電気代などがかかります。これをランニングコストといい、コスト判断の重要な要素となります。また、建物は年数がたつと補修を行わなければいけません。この費用もランニングコストに入れて計算します。

介護コストは、建物の完成後事業を運営する中で生じるコストですから、建物のランニングコストと同じ性格のものです。この介護コストは建物や使用する製品によって変わってきます。

数年前、機械浴メーカーに、販売している機械浴の性能、コスト、1人の入浴時間、介助の人数などを表にするよう依頼しました。その結果、**図表2-1-4**のようなわかりやすい比較表が作成されました。カタログ掲載され、今でも機械浴を選ぶ際の資料となっています。機械浴という製品の機能やコストだけではなく、それを使う場合の介助人数、1時間当たりの入浴可能人数を総合的に判断して選択します。製品価格が高くても、介助人数が少なければランニングコストが安くなります。製品や建築は、介護コストとの合算で決めなければいけません。

【図表2-1-4】介護コストを含めた入浴設備の比較表

入浴方法	入浴装置	特長	入浴姿勢
仰臥位入浴	移乗エイドバス スピノ 	●抱きかかえ移乗回数を減らす工夫により介護労力軽減 ●ご利用者を包み込む新設計の担架(特許申請中) ●身体機能レベルが重度な方でもゆったりとした仰臥位入浴が可能な大型入浴装置。	仰臥位
仰臥位入浴	介護エイドバス ロベリアシリーズ 	●万が一のうっかりミスへの配慮など、安全性を重視。 ●介助動線の短縮など、介助労力を大幅に軽減。 ●身体機能レベルが重度な方でもゆったりとした仰臥位入浴が可能な大型入浴装置。	仰臥位
仰臥位入浴	エレベートバス 	●両側から交互に入浴できる効率のよいコンパクト浴槽 ●簡単操作と充実の安全装備	仰臥位
／	ユニット型施設向け入浴装置 ユニバス 	●幅広いご利用者に対応可能 ●お湯の交換方法を選べて経済的 ●省スペースなので狭い浴室でも導入可能 ●タッチパネル採用	座位 〜自由姿勢
ADL入浴	パーソナルケア浴槽 パンジーアイ 	●残存能力を活かした自立入浴をサポート。 ●シートを左右に移動することで、麻痺のある方などのまたぎの介助動作をサポート。	座位 〜自由姿勢
ADL入浴	リフトインバス ホーミィイース 	●1台で個浴、車椅子入浴など多様な身体状況の方の自立入浴をサポート。 ●リフトは旋回しないスライド方式により、ご利用者の動きが最小限で済み、ご利用者・介助者共に安心。	座位 〜自由姿勢
ADL入浴	個別浴槽対応型 ホーミィリフト 	●狭い浴室でも手軽に座位入浴をアシスト。 ●既設の浴槽に取り付け可能。	座位

＊1：1時間あたり入浴できる当社想定理論値であり、介助者の数や入浴時間などにより異なります。
＊2：浴室の入り口寸法や場所。洗い場の広さなどにより必要なスペースは異なります（詳細は個別にご相談ください。）

❷機能とコスト

建築デザインは、必要とされる機能を満たさなければいけません。目的とする機能をどの程度満たすかで、方法とコストは変わってきます。福祉施設では体の不自由な人を対象としているので、この機能の満足度をどの程度にするか検討と判断が必要となります。以下に2つの例を挙げます。

最大入浴効率[*1]	推奨スペース[*2]	水質管理機能	介護労力軽減機能	ランニングコスト[*3]	イニシャルコスト
☆☆☆☆☆ ～12人 (～7人)	☆ 5.0×4.0m (3.5×4.0m)	☆☆☆☆ 殺菌装置 (なし)	☆☆☆☆☆☆	☆☆☆ 618円	☆ 995万～ 1600万円以上
☆☆☆☆☆ ～12人 (～7人)	☆ 5.0×4.0m (3.5×4.0m)	☆☆☆☆ 殺菌装置 (なし)	☆☆☆☆☆	☆☆☆ 596円	☆ 933万～ 1580万円以上
☆☆☆☆☆ ～12人 (～7人)	☆☆ 4.0×4.0m (3.0×4.0m)	☆☆ — (殺菌装置)	☆☆☆☆	☆☆☆ 547円[*4]	☆ 1025万～ 1370万円
☆☆ ～5人	☆☆☆☆☆ 2.4×2.0m	☆☆☆☆ 半量新湯入換 (全量新湯入換)	☆☆☆☆	☆☆ 1125円～1987円	☆☆☆ 580万円
☆☆ ～5人	☆☆☆☆☆ 2.5×2.0m	☆☆☆ 半量新湯入換 (全量新湯入換)	☆☆☆☆	☆☆☆ 683円	☆☆☆☆☆ 130万～ 217万円
☆☆ ～5人	☆☆☆☆☆ 2.4×2.4m	☆ —	☆☆☆☆	☆☆☆☆☆ 214円	☆☆☆☆☆ 370万円～
☆☆ ～5人	☆☆☆☆☆ 3.0×3.0m (要個浴)	☆ —	☆	☆	☆☆☆☆☆ 173万円～

＊3：10人の入浴時の湯・電気等の金額（シャワー使用時間・電気料金等は当社設定により算出）
＊4：未発売品の仕様のため、今後変更の可能性があります。

出典：酒井医療カタログより抜粋　写真：酒井医療

1）体の不自由な人の風呂のつくり方

図表2-1-5は体の不自由な人が入る風呂のコストを比較したものです。要介護度2から3程度の人は、表のb、c、dの風呂であれば使えます。建物とリフトなどを合算した費用がそれぞれ違い、一番安いのが、bの介護用ユニットバスにリフトをつけたものです。タイル張りの浴室にメトスの「個粋プラス」を入れたdのタイプは、金額が2倍弱となります。利用者が安心して気持ちよく入浴できる度合、

介護方法の違いによる介護者の負担、建築と製品のコストを総合的に検討して、採用する入浴システムを決めます。

【図表2-1-5】浴室と入浴装置の合算費用 （金額は概算）

NO.		建築工事費		備品整備費		合計
a	介護用ユニットバス	標準仕様 積水ホームテクノ 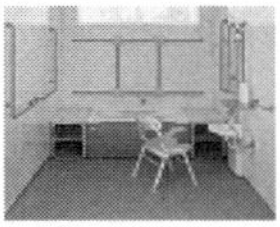	1,500千円		0	1,500千円
b	介護用ユニットバス	標準仕様 積水ホームテクノ 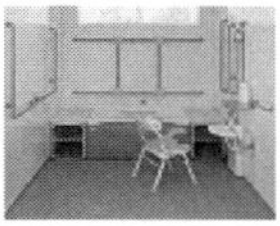	1,500千円	リフト設置 ミクニ　リフト 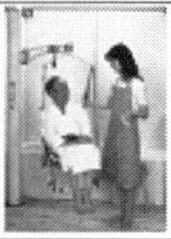	800千円	2,300千円
c	介護用ユニットバス	パンジー仕様 積水ホームテクノ 	1,100千円	パンジーi 酒井医療 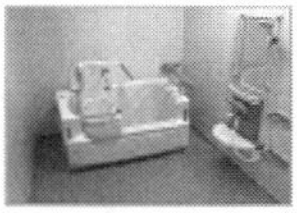	1,600千円	2,700千円
d	従来工法浴室	タイル貼り・浴槽なし 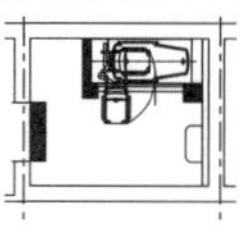	1,400千円	個枠＋ メトス 	3,000千円	4,400千円
e	従来工法浴室	特浴 タイル貼り・浴槽なし 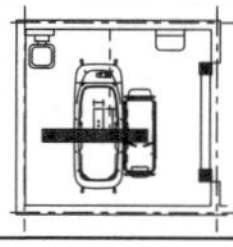	2,300千円	ロベリア（仰臥位浴槽） 酒井医療 	8,600千円 （片側シンプルタイプ・電動ストレッチャー付）	10,900千円

写真：積水ホームテクノ、酒井医療、メトス、ミクニリフト　作成：ゆう建築設計

2）居室のドア

居室入り口のドアは引き戸にしますが、これも機能によってコス

トは大幅に違ってきます。弊社は設計段階で**図表2-1-6**の中から選んでいます。

【図表2-1-6】居室入り口の引き戸の種類

自閉式		(単位：mm)
A1：軽量スチール製ハンガードア	有効開口	小扉W300+W900
B1：軽量スチール製ハンガードア	有効開口	W1200
C1：軽量スチール製ハンガードア	有効開口	W900
A2：木製(不燃)ハンガードア	有効開口	小扉W300+W900
B2：木製(不燃)ハンガードア	有効開口	W1200
C2：木製(不燃)ハンガードア	有効開口	W900
自閉無		
A3：木製(シート張)ハンガードア	有効開口	小扉W300+W900
B3：木製(シート張)ハンガードア	有効開口	W1200
C3：木製(シート張)ハンガードア	有効開口	W900
自閉無		
A4：木製　戸車式	有効開口	小扉W300+W900
B4：木製　戸車式	有効開口	W1200
C4：木製　戸車式	有効開口	W900

機能の違いで、さまざまな種類があります。

・自動的に閉まるタイプかどうか。自閉式は電動ではなく、おもりや油圧でゆっくりと閉まります。

・軽量スチール製か木製か。木製の場合でも防火規定によって仕様が違います。

・有効開口はどれくらいか。ベッドをそのまま居室から出し入れするときは、幅1200mm以上必要です。1200mmの幅で引き戸をつくる場合と、900mmの引き戸に300mm幅の小扉をセットする場合があります。1200mmの扉は非常に大きく住宅のスケールを超えるため、900mmの引き戸と300mmの開き小扉のセットにする場合があります。

・吊り戸か戸車か。

小扉つきの引き戸の費用を比べると、A1：300,000円、A2：

120,000円、A3:80,000円となり、費用が大幅に違うのがわかります。

このように求める機能の程度によってコストは違ってきますので、その施設に本当に必要な機能の見極めが大切です。

3安全とコスト

建物は、建築基準法や消防法で一定レベルの安全が保たれています。高齢者の建物では、特に火災への対応が重要となり、火災が発生しにくい仕組み、発生した場合の消火、避難方法などが決められています。

火災に対して、初期消火に有効なのはスプリンクラーです。2006(平成18)年に起きた認知症高齢者グループホームの火災を受けて、スプリンクラーに関する規制が変わりました。特別養護老人ホーム、有料老人ホーム(主として要介護状態にある者を入居させる施設に限る)、老人短期入所施設など(消防法施工令別表第1(6)項ロの建物)は、延べ面積1,000㎡以上の建物に設置義務があったのですが、延べ面積275㎡以上に変わりました。ただし、延べ面積が1,000㎡未満の施設では水道を利用した「特定施設水道連結型スプリンクラー設備」を低コストで設置することができます。275㎡未満の施設では設置義務はないのですが、今後この免責規定をなくし、消防法施行令(6)項ロに属する建物はすべてスプリンクラーを設置する方向で検討されています。

避難に関しては、各地区の消防署で指導内容が違うことがあります。例えば、特養や高齢者住宅では、2階以上の居室にはバルコニー設置を指導しているところが多くあります。火災発生時に、入居者をバルコニーに一時避難させるためです。建物全周にバルコニーをつくれば、当然コストアップにつながりますが、高齢者施設では安全へのコスト負担は最重要となります。

4 工事費の上昇

工事にかかる費用の算出は、計画を進めるうえで重要です。ところがこの工事費は一定ではなく、社会状況に合わせて変動します。特に2013（平成25）年からは建設工事費が上昇していて、前年度に比べて10％前後高くなっています。工事費が10％違えば事業収支が大幅に悪化し、事業そのものを中止することも検討事項となる可能性があります。

工事費が安定した状態であれば、企画段階で事業費用を算出しても大きな狂いはないのですが、昨今のように工事費の上昇が激しいときには、予定した予算で収まらない可能性も出てきます。

工事金額は実施設計を終え、施工業者から見積もりを取って初めて確定します。企画や計画段階では、あくまでも概算見積りしかわかりません。昨今の工事費の値上がり状況を見ると、予算を立てて事業収支をチェックしたとしても、その通りの金額で落札するか確定的なことはいえません。

工事費を下げる努力は、下記のように行います。

- ・躯体構造の検討。建物はコンクリート造、鉄骨造が主ですが、2階建てまでなら軽量鉄骨造も可能。
- ・機能とコストの検討。
- ・建物面積とコストの検討。
- ・施工業者への発注方法の検討。

しかし、工事費を縮小する画期的な方法はありません。工事費の上昇を予測し、計画段階、設計段階で工事内容を変更したり、工事規模を変更する作業が必要となるケースも増えています。

2 建築デザインの評価基準

（1）3つの評価基準

精力的に打ち合わせして決めた建築デザインは、建物が竣工したり改修が終わったとき、どのように評価すればよいのでしょうか。

①方針を実現できているか

実際に使ってみて、方針を実行できるようになっているかが判断基準です。そのためには、方針がはっきりしていなくてはいけません。曖昧な方針では結果の判断も曖昧になります。方針を実現する建築デザインは１つではありませんし、他の方法もあったでしょうから、毎回、その選択が正しかったか検証してみることは必要です。

②評価する人は

判断する人は１人ではありません。

- ・入居者本人
- ・入居者の家族
- ・事業経営者
- ・職員
- ・施設外の介護関係者、ケアマネジャー

③公的な評価

評価には、多くの切り口があります。中でも入居者本人の評価が一番重要ですが、実際はもっとも評価を聞きにくいでしょう。

私は設計を行った特養に泊まり込んで設計結果の検証を行ったことが何度もあります。入居者に満足しているか聞いたところ、喜んでいると答えてくれましたが、その満足度の多くは介護職員の努力

によるものだと感じます。建築でできることは微々たるものです。入居者にとっては、建築デザインよりも介護職員たちの介護サービスの内容の方がずっと重要なはずです。しかし、施設の介護方針に沿って、職員たちが動きやすく、気持ちよい毎日を過ごせる環境づくりをすることは、建築デザインが大きく関係していると感じます。

(2) 利用者が支払うコストと受けるサービス

施設の方針を実現できているかどうかが建築デザインの評価基準ですが、実現のためにかけたコストを常に考慮しなければいけません。入居者に喜ばれるものをつくるのは当然ですが、まず事業が成り立つことが前提です。第1章で提示したように、入居者にも事業者側にも喜ばれる仕組みや製品は多く開発されています。しかし、よいと思われるからといって無制限に採用するわけにはいきません。それは事業収支を考えているからです。

一方で、事業収支が許せば、建築で多くのことを実現することも可能です。また、余裕資金を建築に充てるのではなく、職員の給与にまわし、より介護力の高い職員を雇用し介護サービスの質を高めるという選択もあります。

さらに大きな視点で見ると、介護施設にも競争原理が働きます。入所施設事業は、高い入居率を維持することが重要です。特養は今でも入所待ちの人が多いので、このような競争はあまりありませんが、高齢者住宅は競争が激化しています。建築デザインの評価は自分の施設内容だけではなく、競合する施設内容との比較が大切になります。利用者が支払う費用と受けるサービスを競合施設と比較し、総合的に判断されるからです。

私は介護施設においても、利用者が施設の価値をどのように判断しているか、検証することが重要だと考えています。たとえ、入所待ちが多く、施設内容や介護サービス内容が施設利用の判断材料にならない特養でも、将来を見据え、競争力のある入居者に喜ばれる施設づくりを目指さなければいけません。

(3) バリアフリーとユニバーサルデザイン

建築デザインを評価する指標として、バリアフリーやユニバーサルデザインがあります。この2つの概念は日本でも広く認識されてきています。

2006 (平成18) 年に「高齢者、障害者等の移動等の円滑化の促進に関する法律」が施行されました。日本ではバリアフリーは段差をなくすことを指しますが、本来は障害者や高齢者が社会参加するうえで、物理的、精神的障害となるものを取り除くことを意味します。これに対し、ユニバーサルデザインは対象を障害者や高齢者に限定せず、できるだけ多くの人が利用可能なデザインを目指すことを目的としています。下記は有名なユニバーサルデザイン7原則です。

1.	Equitable use	公平な利用
2.	Flexibility in use	利用における柔軟性
3.	Simple and intuitive	単純で直観的な利用
4.	Perceptible information	情報のわかりやすさ
5.	Tolerance for error	失敗への寛大さ
6.	Low physical effort	軽い身体的負荷
7.	Size and space for approach and use	アプローチや利用に適したサイズと空間

ユニバーサルデザインの概念についても理解が進み、日本のメーカーもユニバーサルデザインに基づき商品開発を行っています。日本の代表的住宅機器メーカーTOTO（株）、（株）LIXILなどはユニバーサルデザインの視点で製品の研究開発を進めています（**図表2-2-1**）。

【図表2-2-1】トイレブースのユニバーサルデザイン

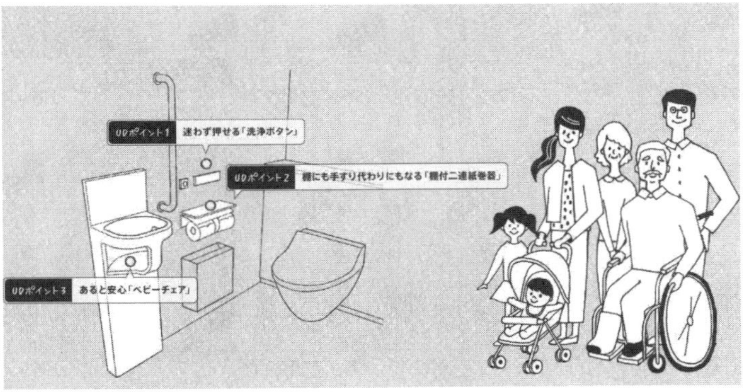

出典：TOTOのユニバーサルデザイン

私は、介護施設や高齢者住宅の建築デザインを考える場合は、できるだけ多くの人が利用できるという視点と、そこに住む人に合わせて工夫しようという2つの視点が重なり合っていると思います。TOTOが考えるトイレブースのユニバーサルデザインに、そのトイレブースを実際に使う高齢者の特性を加味してデザインしなければいけません。

ユニバーサルデザインやバリアフリーの考えに基づく評価をベースに、その施設やそこに住む人の個性に合っているかが重要なのです。

第3章

建築、改修を
実践するためのポイント

1 実践の手順

（1）計画から完成までのチェックポイント

工事の大小にかかわらず、建物の新築や改修を計画する場合の流れは下記のようになります。

①企画
②設計者を選ぶ
③具体的な計画を設計者と検討する
④設計者が見積もり用の図面（実施図面）を作成する
⑤施工者を決定する
⑥工事を行う
⑦竣工

1 企画

事業を行っていく場合、建物を新たにつくったり、既存部分を改修したりしなければいけないことが出てきます。工事内容や規模を検討し、実際に踏み出すか判断するのがこの段階です。この段階は事業者が単独で検討したり、コンサルタントと相談しながら進めたりします。

通常は企画にある程度めどがついた段階で、設計者の選択に入るのですが、最近では企画の段階から設計者を交えて検討することが多くなってきました。これは建設工事費がどの程度かかるかによって計画内容が変わることや、介護方法と建築内容が密接に関係していることが認識されてきて、早い段階から設計者と相談しながら企画内容を決めていきたいと考える事業者が増えたからです。

❷設計者を選ぶ

設計者に仕事を依頼するタイミングは２通りです。１つは企画段階から相談する場合と、計画内容が整理されてから依頼する場合です。法律上の規制、工事費の変動、介護内容と建築の関係などを考慮すると、企画段階から設計者に相談しながら進めるのがよいと考えています。

1）経験のある設計者のメリット

新規に特養や高齢者住宅をつくる場合、土地購入からスタートすることがあります。そのケースでは、候補の土地に必要な建物が建つかどうか、土地ごとにプランをつくって検討しなければいけません。行政ごとに土地の規則が違うので、土地ごとに行政協議を行います。

また、企画段階で工事費用の概算をつかむこともポイントです。その費用によって計画内容が変わってくるからです。工事費の概算は、それまでに行った類似工事から算出します。まだ設計ができていない段階では、詳細な見積もりができないことと、この段階では大まかな総予算がわかれば検討できるからです。各種の高齢者施設を多く手がけている設計者の方が、より的確な概算工事費を算出できます。

2）「熱い思い」を持つ設計者

設計者の見極めでもう１点大切なのは、「熱い思い」を持っているかどうかです。設計者に求められるのは、事業者が求めているものを理解し、建物という形にして提案する能力です。多種多様な方法があり、考えれば考えるほど、さまざまな回答が生まれます。事業者の高齢者に対する「熱い思い」に応えて、それ以上の情熱で回答を探す気持ちを持った設計者が必要です。

3）設計者を探す方法

では、そのような設計者をどうやって探せばよいのでしょうか。一言でいえば、計画に注ぐ熱意と同じくらいの熱意で探すしかないと思います。何人か候補をしぼったら、コンペを実施することをお勧めします。簡単な条件を提示し、計画案の提出を求めます。この場合、計画案の優劣を競うのですが、それと同程度に大切なのは、その設計者の持っている能力を見極めることです。計画案は、これからの打ち合わせで変わっていきます。思いを見極めて、設計者の選択をしてください。

3 建物内容の検討

建物内容を検討する際は、まず、事業者の方針をはっきりさせることが大切です。

「外の風を感じる住まいにしてください。夏の暑い日、木陰に涼やかな風が吹き抜けるのを感じたいのです」――これは、ある特養での最初の打ち合わせで、事業者から出た言葉です。

設計者への要望は具体的なものでなくて構いません。思いを言葉にすれば、設計者は具体的に提案してくれます。もちろん具体化には言葉だけでなく、コストや機能の検討も必要です。依頼する側は、設計者の提案に満足できない場合でも、具体的な対案を示す必要はありません。「どこか違うのだが……」という思いを伝えるだけでよいのです。あきらめることなく、何度でもやり直す姿勢が大切です。

設計者には丁寧でわかりやすい説明を求めてください。建物が出来上がった後で、思いと違っているというトラブルがよく起こります。これを防ぐために弊社では、打ち合わせはすべて3次元のモデルをつくって行っています。通常使われる図面は平面の2次元ですが、これでは事業者にはなかなか理解してもらえません。3次元モデルはアニメーションと同じように考えてもらえばよく、打ち合わせをしながらその場で形を変えていくことができます。事業者や担当職員にも理解しやすいので、意見が具体的なものになり、出来上がりのイメージを共有しやすくなります。

❹施工者の選び方

施工者を選ぶことは非常に難しいと思われていますが、設計者を選ぶことに比べれば、簡単だと思います。設計者を選ぶことは、完成品を買うのではなく、その人の見えない能力を買うということです。しかも設計の選択は、一生に数度しか行わない作業です。

工事を依頼する施工者も、一生に数度の買い物という点では設計者と同じです。しかし、マンションのように出来上がっているものを買うわけではないので不安はあるものの、何もない段階で設計者を選ぶこととは基本的に違います。

施工者は、設計図に書かれた内容を、一番安く正確に工事できるところを選びます。しかし、施工者が図面通り誠実に工事を行ってくれるだろうかと不安を持つことがあるかもしれません。その際は、施工者の技術力や規模、資金的信用力などを比較できる資料があります。建設業法で決められている「経営事項審査」です。その中にP点という項目があります。これは施工会社の「年間平均工事高」「自己資本額及び平均利益額」「技術職員数」「経営状況評点」などの項目を数値化し、会社の状況を把握できるようにしたものです。

「経営事項審査」は、財団法人建設業情報管理センター（CIIC）などのホームページで検索できます。弊社も入札参加業者の決定に際しては、「経営事項審査」を参考にしています。

会社の内容は「経営審査事項」で比較できますが、安く受注するかどうかはわかりません。すでに多くの受注を受けていて、職人の手配ができない場合は、安値で応札はしないでしょう。仕事量が少なく、仕事を受けたいという施工会社と出会えるかがポイントです。そのためには施工会社の状況を聞き、どの程度仕事を受注したいか聞き取ることが大切です。入札参加業者には、できるだけ仕事を受注したいと考えている業者をそろえます。

ただし、2013（平成25）年は工事量が多く、入札に参加する業者を探すことに苦労しました。このような状況では、施工者の選択にも設計者の経験を生かすことが必要です。

5 工事を行う

工事は方針を実現する最後のチェックポイントです。工事中の打ち合わせと確認を大切にしてください。職員は入居者や利用者の代弁者です。すべて自分で確認を行うようにしてください。

確認はできるだけ、実物模型をつくって行います。弊社では、工事内容に実物模型の費用も見込んでいます。設計段階で決めたことでも、工事段階で別のよい方法が見つかれば、変更した方がよいでしょう。当然コストの変更を伴いますが、よりよいものにすることを第一に考え、コストの処理は設計者と相談して解決します。

【図表3-1-1】現場での実物模型による確認

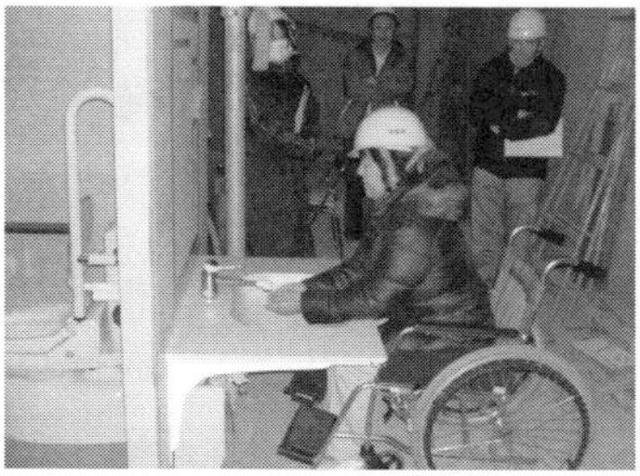

洗面台の形状、水洗位置の確認を行う

トイレの手すりの形を検討

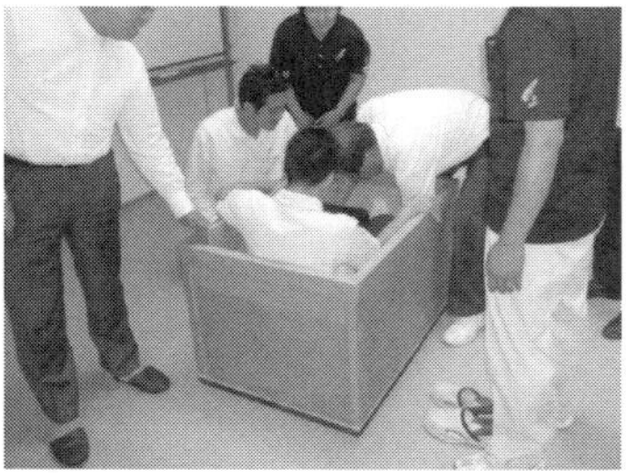

介護用ひのき風呂の大きさや深さを検討

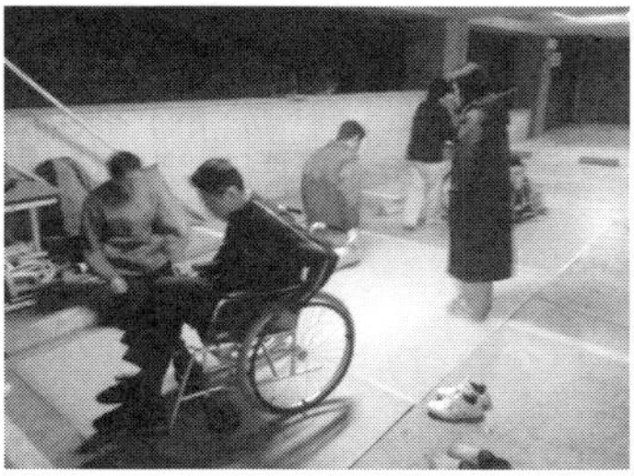

車いすを使って床仕上げ材の確認

2 改修のチェックポイント

建物を改修する場合、建築の専門家に相談して進めることになりますが、事業当事者として計画を進めるうえでの問題点への認識は必要です。

（1）法律による規制

大規模に改修する場合は、建築基準法や消防法の規則のチェックが必要です。介護施設は毎年消防署からのチェックを受けていますので、既存建物に不備な点はないはずですが、改修によって違反状態になることがあります。下記の項目がよく問題となります。

・窓を閉鎖すると、火事が発生したときの煙の排気が取れなくなる。

・法律で採光や換気が義務づけられている部屋が、改修によって採光や換気ができなくなる。

（2）建物の構造のチェック

既存の柱は撤去できないことは常識ですが、壁も撤去できるものとできないものがあります。構造計算で耐震用に設定されている壁は撤去できません。逆に撤去できる壁がわかれば計画の自由度が上がりますので、初期の段階で専門家に相談してください。

(3) 建物が建てられた時期のチェック

地震に耐えられる耐震強度の基準が1981（昭和56）年に改正され、厳しくなっています。1981（昭和56）年以前の建物は、耐震診断を行い強度が不足という結果になれば、耐震補強を行わなければいけません。5,000㎡以上の建物はこの耐震診断が義務づけられています。改修を計画する建物が、1981（昭和56）年以前の建物であれば、改修の前に補強が必要かチェックを行ってください。改修にお金をかけても、建物自体が長く使えない可能性があります。

(4) 使いながらの改修ができるか

既存建物の改修は、使いながらの改修となります。改修の規模によっては、仮の部屋を用意する必要があります。例えば4人部屋の特養居室を個室に改修する場合、工事中の対応として仮の居室をつくらなければいけません。多目的室を居室に改造して仮の居室にするなど、工事を行える前提の検討が重要です。余分にかかる費用をどのように抑えるかも検討が必要です。

3 実践で得られること

(1)職員の意識を変える好機

建築、改修は、介護方法を見直す好機です。建築デザインは何もないところからは生まれてきません。まず、その施設の介護の考え方を聞くところから始まります。そのため、自分たちがどのような方針で介護事業を行っているか考えるようになります。さらに新しいものを取り入れるため、どのような方法が自分たちの介護に合うのか具体的に工夫し始めるようになります。介護コストや建築コストの概念など、これまでなじみのなかった考え方を学ぶことで、幅広い視野から介護を見ることができるようになるのです。

ユニット型特養になってから、ユニット間で介護に対する考えが違ってきて、施設全体で意識を共有するのが大変だという話を聞いたことがあります。施設の改修を契機に、施設全体の介護方法を見直した施設も多くあります。

入所施設だけではなく、通所サービスでも同じことがいえます。「宇治市福祉サービス公社」では、デイサービスを3事業所で行っていましたが、同時に浴室改修を行うことになり、それぞれの考えを伝え合う中で、お互いの良いところを取り入れると同時に、全職員参加のもとに介護方針の再確認を行いました(131ページ参照)。

【図表3-3-1】チームでの検討（宇治市福祉サービス公社）

通常の仕事をしながら検討会議を行うのは大変です。しかし、建築、改修の過程で介護方針や具体的な介護の工夫を共有することは、他では得られない経験です。事業所全体として、大切な機会ととらえ利用すべきだと思います。

（2）情報発信が大切

建物を新築したり改修したりするためにさまざまな工夫を行い、希望通りのものが得られればうれしいのですが、そこで満足するのはよくないと思います。

入居者に満足してもらうことを考えて新築や改修を行い得られた方法や建築の工夫は、日本中の高齢者のために共有すべきではないでしょうか。私たち設計者は設計を行って利益を得ていますし、介護事業に関わる人も高齢者の介護を行うことによって利益を得ています。事業や設計を行う目的は利益を得るためですが、同時に社会貢献も大きな目的となっています。

社会的な観点から見ると、建築や介護の工夫は、介護事業者の中にはアイディアとして存在しますが、情報を外部に知らせなければ、社会的にはないのと同じです。私は物事を新たにつくり出すことと知らせることは、同じ程度の価値があると思っています。

介護事業者が考えたこと、実現したことを、ホームページなどで社会へ発信してください。それが高齢者の居住環境を向上させることにつながります。

第4章

施設別
建築デザイン実践事例

1 特別養護老人ホーム

ここまで、建築デザインに関して、事業的な観点も踏まえて説明しましたが、本章では弊社の設計において実現したさまざまな事例を紹介します。建築を工夫することで経営に役立ったもの、利用者に喜ばれたもの、介護方法の改善につながったものなど多岐にわたっています。

事例１：多床室のユニット型を実現
――社会福祉法人太子福祉会「太子の郷」（兵庫県揖保郡）

近年、特養では個室のユニット型配置が原則となっています。4人部屋の従来型に比べ、ユニット型は入居者の費用負担が増えます。「太子の郷」では既存の特養の建て替えに当たり、すでに入居されている人の負担増を抑えつつユニット型の優れた点を維持する目的で、多床室のユニット型を実現しました（**図表4-1-1**）。

❶多床室を目指した理由

「太子の郷」は既存施設の老朽化が進み、移転新築を計画しました。現在の入居者がそのまま移動するため、入居費が上がらないようにしたいというのが事業者の考えでした。個室のユニット型特養は必然的に従来型特養より建物面積が増え、工事費が高くなります。その工事費を抑えるために、多床室のユニットを併設できないかという発想がスタートでした。

多床室の採用を目指すかどうか判断するに当たり、事業者からは下記のような要望が出ました。

【図表4-1-1】多床室のユニット型特養　2階平面図

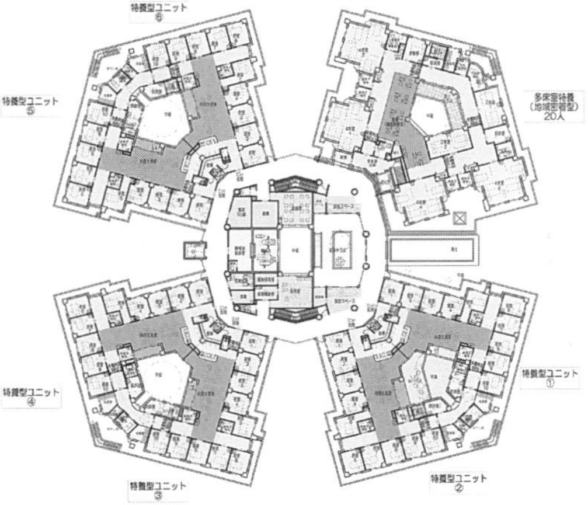

・多床室と個室ユニット型で建築面積や建設コストはどの程度違うのか。

・多床室でもユニット型の雰囲気にしたい。

・療養室はどのベッドにも窓を設ける工夫を検討したい。

・多床室部分もユニット型と同じ形状にしたい。

2 個室と多床室の事業収支の違い

個室と多床室では、建設コストの違いだけではなく、補助金、介護報酬、人件費などの運営コストも違ってきます。

建築コストは多床室タイプの方が建築の床面積は減少し、その結果、躯体費用は下がります。それ以外にも下記のようなコスト削減効果があります。

・居室入り口の建具枚数が減る。

・居室内に設置する洗面台やトイレの数が減る。

・空調機や換気扇などの設備が減る。

しかし、建設コストを削減できる一方で、介護収入は減少します。建設コスト、介護収入、運営コストの具体的な数字に基づいた収支シミュレーションを行い、総合的に判断しなければなりません。シミュレーションの結果、多床室の方が初期投資も運営コストも削減できることがわかりました。

❸個室風４人部屋

多床室は医療施設で採用されている個室風４人部屋としました。普通の４人部屋に比べて、面積の削減効果は落ちますが、ベットごとに窓を設けますので、光や風がそれぞれの居住空間に直接入り、居住環境に優れたものになります。

【図表4-1-2】個室風４人部屋

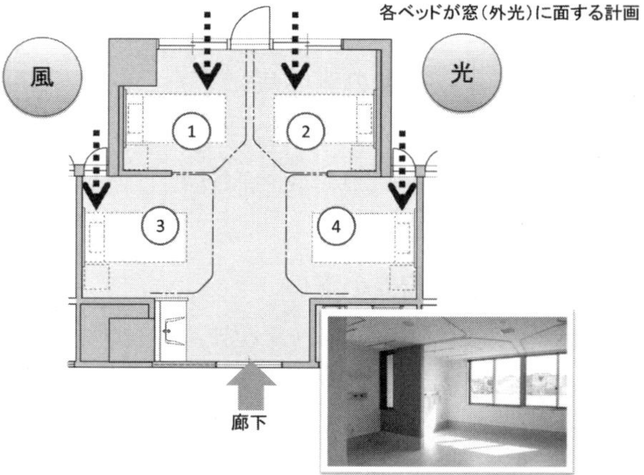

❹ユニット型と同じレイアウト

食堂、共同生活室、風呂のレイアウトは、個室ユニットと同じ構成でつくりました。

【図表4-1-3】個室ユニット型

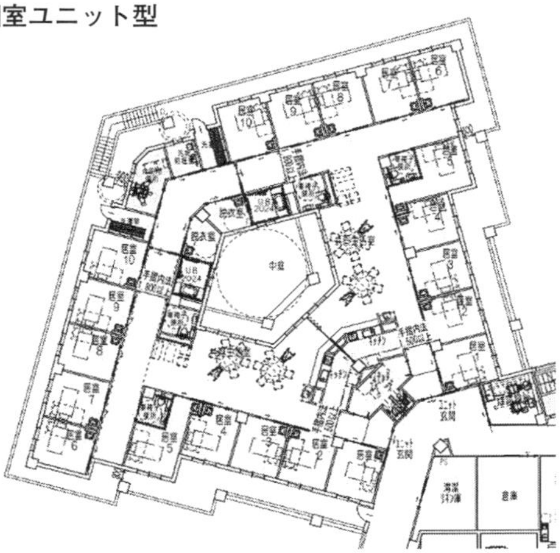

【図表4-1-4】多床室ユニット型

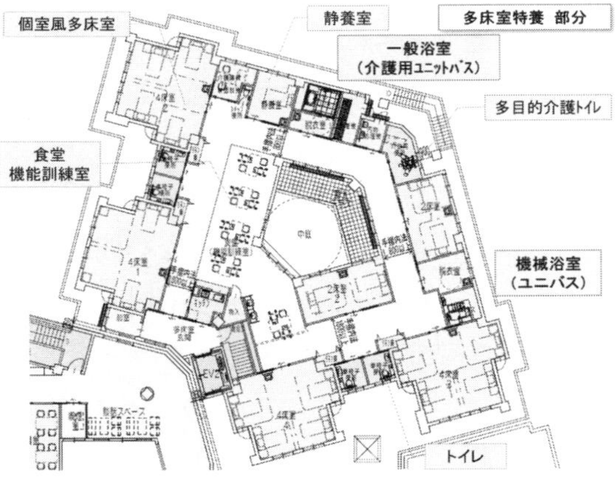

5 多床室の問題点

多床室の採用は建設コストや人件費の削減を可能にしますが、実現までにはいくつかの問題点があります。

・行政によって多床室を認めているところと認めていないところ

がある。

・多床室整備を認めているところでも、行政ごとに補助対象とするか否か判断が違う。

・多床室整備を認めているところでも、行政によっては部屋数に制限がある。

このように、実現までは多くの行政協議と介護事業者の収支を含めた検討が必要ですが、事業の可能性、経営の収支、そして入居者の負担を考慮し検討する価値はあります。

（ゆう建築設計　相本正浩）

事例２：終《つい》の棲家《すみか》となる特養づくり

――社会福祉法人愛美会「山田井の郷」（愛媛県四国中央市）

❶平均要介護度の高い特養

特養では年月の経過とともに入居者の平均要介護度が高くなります。病気で入院した場合も、最後は長く過ごしてきた特養の自分の部屋で過ごしたいという人も多くいます。そのような人とどのように向き合うか、また建築的にどのように対応するか、１つひとつの施設設計において真剣に考えなければいけない問題です。

特別養護老人ホーム「樋谷荘」（愛媛県四国中央市）を運営する愛美会は、入居者の平均要介護度が高く、かつターミナルケアに積極的に取り組んでいます。新しくユニットケアの特養「山田井の郷」を開設することになり、これまで培ってきた介護のノウハウを生かしつつ、どのような建物が必要か検討を重ねました。

❷見守りと１人で過ごせる空間の両立

ユニット型のプランでは、入居者の見守りのしやすさは、要求される機能の中でも重要度が高いものです。一方で、入居者の生活を考えると、共用部分においても１人で過ごせる空間があった方がよいとの考えもあります。入居者の生活スタイルがよく理解できていれば、見守りがしにくい死角ができても大きな問題ではないという考えです。

愛美会では、寝たきりになった人も、希望される場合はリクライニング車いすなどでできるだけ共同生活室に出てもらいます。そのため、入居者の体調の変化などがよくわかるように、キッチンを中心としたL字型の共同生活室を提案しました（**図表4-1-5**）。

【図表4-1-5】ユニットプラン

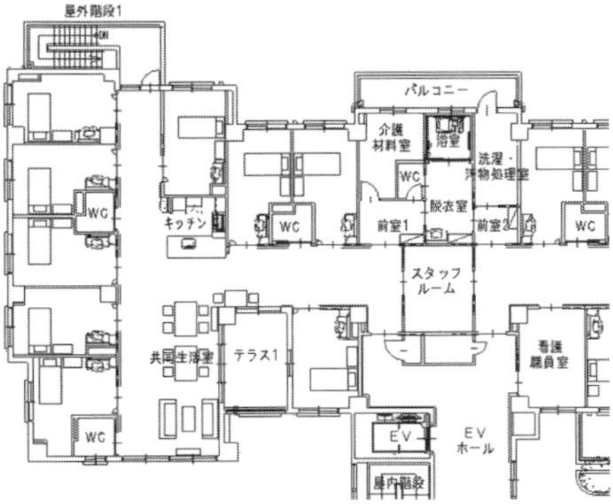

この形ではキッチン付近で働く職員からはユニット内全体を見渡せるのですが、座っている入居者にとっては全員が同じ空間にいるという感覚はなく、複数の空間に分かれています。見守りのしやすさと、いくつかに分かれた日常生活空間を両立させたプランです。

❸テラスや庭と一体となった日常生活空間

最初の打ち合わせで、特養を本当の住まいとしてとらえ、体が不自由でも外出がままならなくても、自然を感じられるようにしたいという方針が提示されました。そのため、1階のユニットは共同生活室から庭に出られるようにし、2階は共同生活室にテラスをつくり、気候のよい日は簡単に外に出られるようにしました。

【図表4-1-6】キッチンから、テラスを取り囲んだ共同生活室の眺め

4 各居室への医療ガス設置

医療ガスが居室に設置されている特養は少なく、設置されていても1ユニットに1居室程度です。医療ガスが必要となった場合、医療ガスが設置されている部屋へ移動しなければいけません。病院であればそれでよいのですが、特養の居室はあくまで入居者の住まいですから、同じ部屋に住み続けることが大切です。

このような考えから、愛美会は全居室に医療ガスを設置し、最後まで自分の部屋で過ごせるようにしました。

【図表4-1-7】居室内のナースコールと医療ガス設備

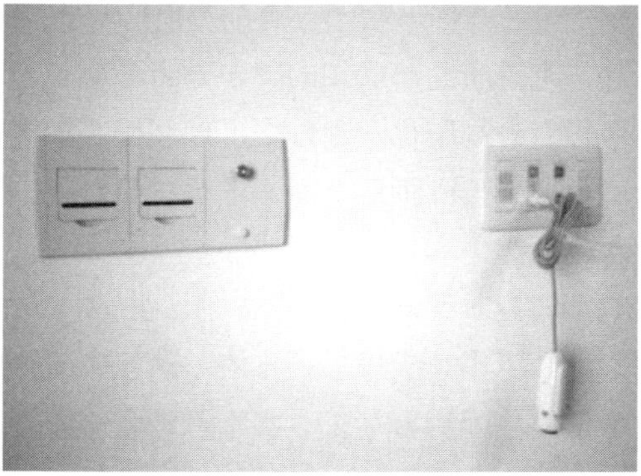

5 二重床

体の不自由な人にとって、転倒とそれに伴う骨折は大きな問題です。平均要介護度が高くなればその危険性は増えていきます。転倒時の衝撃を和らげるためクッション性のある床材などが使われることもありますが、車いすの走行性能などを含めて考慮すると二重床にするのがベストといえます。1㎡当たり1万円ほどのコストがかかりますが、「山田井の郷」ではユニット内はすべて二重床となっています。

6 加湿

高齢者にとって、室内の乾燥は感染症などの問題を引き起こします。「山田井の郷」では、共同生活室の湿度管理で感染症対策を行うべく、共同生活室の天井に埋め込み式で加湿器を設置しています。

事例３：知的障がい者施設から高齢者施設への新たな取り組み
——社会福祉法人福知山学園「橘《たちばな》」（京都府福知山市）

福知山学園は、京都府北部に知的障がい者の施設を多く運営しています。施設入居者の高齢化が進む中、地域の高齢者環境に積極的に取り組むため、特養の計画がスタートしました。

❶地域に開かれたエントランス

特養前には大きな広場を設けています。隣接する知的障がい者施設の方々が散歩や休息の場として、また近隣の方の行事にも使っています（**図表4-1-8**）。

一般に入り口には風除室が置かれますが、この特養では広いエントランスホールを風除室としています。この広い土間空間は、地域の人などの来訪を受け入れます（**図表4-1-9**）。豆砂利洗い出しの床、淡紅土壁や木製の鴨居など、昔からある材料で空間づくりをしています。ここでゆっくり立ち話をしたり、出迎えや見送りができるよう工夫しました。

【図表4-1-8】大きく開放的な入り口

【図表4-1-9】出会いの土間空間

❷セカンドリビング

エントランスホールの広い土間空間を通って、セカンドリビングと名づけた多目的に使える広間に入ります（**図表4-1-10**）。ユニットに住む人たちが、リビングとして使います。セカンドリビングにはオープンな事務室や厨房、会議や行事に使える多目的ホールが隣接し、明るい中庭と相まって気持ちのよい空間となっています。

【図表4-1-10】セカンドリビング

セカンドリビングと一体となっている中庭

3 特養ユニット

「橘」は、第1章の「スタッフステーション」（54ページ～参照）でも紹介した特養です（**図表1-2-41**）。2つのユニットがキッチン部分と風呂などの水回り部分で結ばれています。

福知山学園では、入居者や利用者への配慮とともに、働くスタッフの仕事のしやすさも計画の重要な要素と考えています。このレイアウトで、スタッフの「視認性や動線のよさ」「ユニット間の連携のとりやすさ」が実現できました。

ユニットのリビング（共同生活室）は日当たりのよい中庭に面しています。そして、向かいのユニットの気配を感じる程度に壁の凹凸と家具でゆるやかに空間を2つに分け、見守りによる安心と快適性を考慮しました。また、各ユニットの談話コーナーは小さな坪庭に面し、入居者は思い思いの場所で過ごすことができます。

【図表4-1-11】中庭に面した共同生活室

事例４：感染症対策がしやすいプランを採用
――社会福祉法人あそう「ここのか」（兵庫県豊岡市）

昨今、介護施設における感染症対策に注目が集まっています。弊社でも、最近の新築特養では、感染対策しやすいプランを提案しています。2014（平成26）年春に完成した特養「ここのか」を事例に説明します。

ノロウイルス感染症についての予防と対策は多くの機関から提唱されていますが、手洗い、消毒など運用面での対応が中心で、施設計画におけるハード面での検討は希薄になりがちでした。施主の保有施設においてもノロウイルスの感染症については以前より頭を悩ませる課題であり、今回の計画では「予防」と「感染後の対応」の２つの側面から、建築的な対応について議論を重ね計画を進めました。

1 予防

ノロウイルスの感染経路はその大部分がショートステイの利用者からですが、面会の家族など外部からの訪問者によるものも多少はあると考えられます。そこで、施設のエントランスである風除室に手洗いを設け、訪問者には必ず手洗いをしてもらうことにしました。

また、ユニットの入り口にも手洗いを設けることで、外部からユニットへの経路に二重の手洗い対策を施しました。

2 感染後の対応

1）居室の対応

居室より出た吐瀉物・汚物等は共有スペースを通ることなく外部に出し、バルコニーから汚物置き場へ搬出できるように、居室をすべてバルコニーに面するように計画しました（**図表4-1-12**）。

2）汚物処理室・洗濯室の配置

汚物処理室・洗濯室から出た汚物やゴミは、平常時は一旦、共用スペースを通り外部へ搬出されますが、感染時には直接外部へ出て、汚物置き場へ搬出できるように計画しました。

3）ユニットの独立性の確保とスタッフ動線

感染時には感染したユニットを隔離し、他のユニットに感染しないようにすることが重要です。その際はスタッフもできる限り感染の可能性のある場所を通らずにユニットへ入り、また、ユニット内での業務が終了したときには他のエリアを経由せずに施設の外へ出ることが望まれます。今回の計画では、ユニットに隣接したワークルーム・ボランティア室（1階）と機械浴脱衣室（2階）を感染時のスタッフ更衣室として使用できるようにすることでユニットの独立性を実現しました。スタッフは外部からユニット前のホールを経てこれらの部屋に入り、更衣してユニットに入るようになります。

4）厨房の独立

今回の計画では各職種の職員の横のつながりを大切にしているた

【図表4-1-12】発症時の吐瀉物搬出ルート

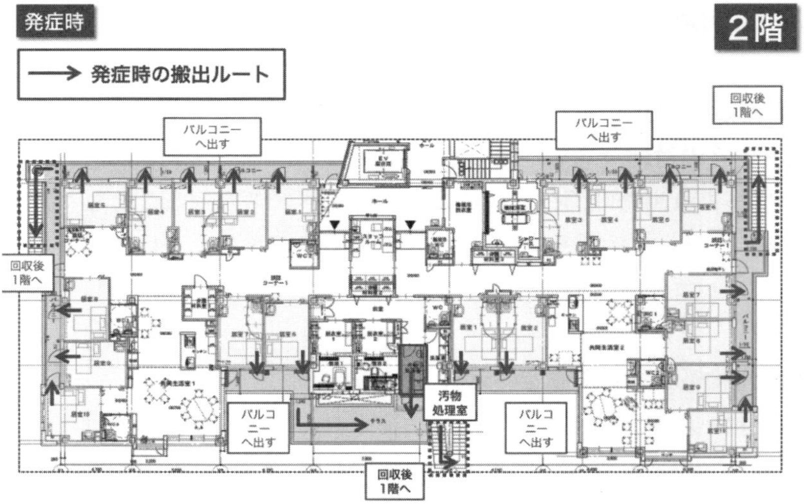

め、厨房内に職員更衣室や休憩室を設けていませんが、感染時には厨房は完全に他の部署から独立し清潔を保つ必要があります。そこで、感染症発生時用の厨房職員更衣室・休憩室を設け、直接外部から出入りできるようにしています。

❸建築の工夫

1）内装材の検討

ノロウイルスはアルコールでは滅菌されないため、次亜塩素酸ナトリウムを用いた消毒が必要です。次亜塩素酸ナトリウムの水溶液で木材などを拭くと木材が退色し変質しますので、ユニット内部の床材は長尺塩ビシートとし、その他の部分についても次亜塩素酸ナトリウム水溶液によって変質しない材料を選定しています。また、掃除・消毒が容易に行えるよう巾木《はばき》は床材巻き上げとしています。

2）空気の流れの検討

ノロウイルスは吐瀉物や汚物等に多く含まれ、空気中に放出され経口感染することが特性の１つです。そこで施設全体の中でユニットが負圧となり、ユニット間で空気の流通のない換気計画としています。

3）ポータブル水洗トイレの採用

「ここのか」ではポータブル水洗トイレを採用しています。居室内にトイレのない部屋に排水管を設置し、体が不自由になりトイレに行けなくなれば、ポータブル水洗トイレをベッドサイドに置くようにします。おむつはできるだけ使用しないで自分でトイレを使い続けようという考えで採用されました。

ポータブル水洗トイレシステムは感染症対策としても有効です。感染が発症した部屋は基本的に部屋への出入りを最小にしたいのですが、居室内にトイレがない場合は、共用のトイレに出向かなければいけません。ポータブル水洗トイレシステムであれば、感染症が発生した部屋ですべて処理することができます。

❹施設によって異なる対策

感染症対策は法人の運営方針によって変わります。建築の対応もその方針によって変わってきます。建築計画は感染症対策の方針と建築対応を介護事業者と設計者がよく話し合って決めなければいけません。

（ゆう建築設計　伊藤健一）

事例５：災害時の対応を万全に
――社会福祉法人市川朝日会「サンライズ市川」（千葉県市川市）

❶災害時への対応

高齢者の住まいは、災害への対応をどのレベルで行うのか難しい判断が求められます。特に大規模地震に対しては、免震システムを採用するかしないかで、その結果は大幅に違います。

市川朝日会の施設では、介護老人保健施設に免震構造を採用しており、東日本大震災時には千葉県市川市周辺の震度５弱の揺れに対しても被害はありませんでした（**図表4-1-13**）。

新施設計画の際にも、免震構造の採用は初期段階から決まっていました。当然、工事費は通常の基礎に比べて高くなります。建設工事費が値上がりしている時期でしたが、事業者の判断で入居者の安全を第一に考えました。

【図表4-1-13】免震装置

大災害時に日常の生活を継続するには、建物だけでは十分ではありません。水と電気またはガスの供給が必要です。水は井戸水と上水を併用しています。ガスの供給は、地震に対して高い信頼性があるポリエチレン管で引き込み、電気はスプリンクラーポンプ用の非常用自家発電機の出力容量の範囲内で、停電時に使用する保安回路

の機器を決めています。

❷特徴ある平面計画

建物を免震にするには土の中に埋めたコンクリート箱の中に、建物をゴムで浮かせて載せなければいけません。コストを下げるにはできるだけコンパクトな平面計画が望ましいのですが、この計画では居室をすべて外側に向けて、居室からの展望を確保することとなりました（**図表4-1-14**）。

居室を外側に向けることで、共同生活室は内部に面します。そのため、中庭や吹き抜けを設けました。それらを通して他のユニットの共同生活室を見通すことができ、廊下に設けた談話スペースからもユニットの生活を感じることができます（**図表4-1-15**）。

【図表4-1-14】ユニット平面

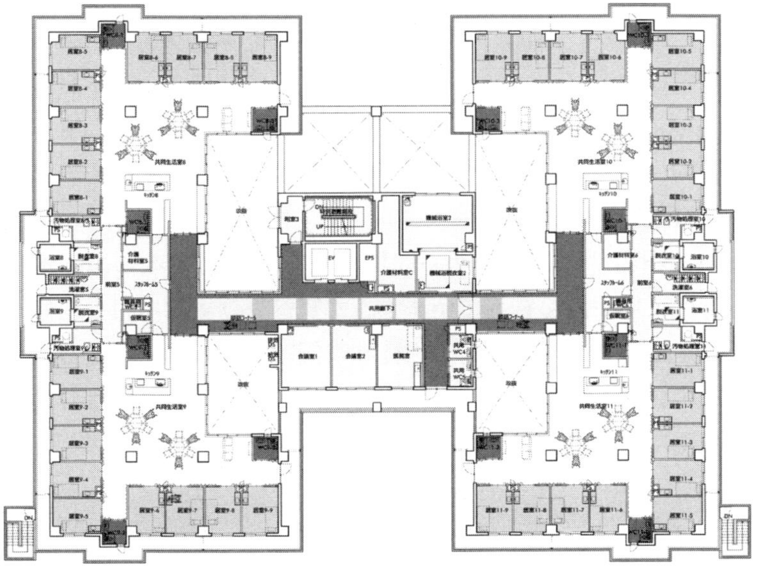

【図表4-1-15】共同生活室と談話コーナーが中庭を挟んで向かい合う

（ゆう建築設計　田淵幸嗣）

事例6：地元の木材を活用した建築プランを実現
――社会福祉法人北桑会「しゅうざん」（京都府京都市）

1 地元木材を内装に使用

「しゅうざん」が位置する京都市周山地区は北山杉の産地で、地元の産業は林業が主です。京都府は公共の建物に地元産木材の使用を義務づけています。「しゅうざん」では、内部の腰壁に地元産杉を積極的に使った結果、内部の雰囲気は柔らかく温かいものとなりました（**図表4-1-16**）。

また、周山地区には地元の間伐材を有効利用するため、木質ペレットの工場がつくられています。木質ペレットは木材を粉砕した後、熱を加えて乾燥・圧縮し円柱状に固めた燃料です。少しでも地元産業に貢献したい、地球温暖化防止に寄与したいという介護事業者の考えで、床暖房や給湯に木質ペレットボイラーを採用しました。

【図表4-1-16】内部の腰壁

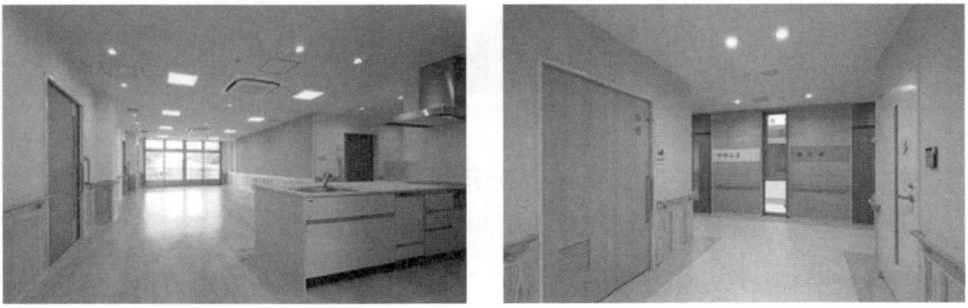

2 小規模多機能型居宅介護

事例：多目的に使える３タイプの部屋を設置
――社会福祉法人愛美会「山田井の郷」（愛媛県四国中央市）

❶宿泊室を日中活動に使用

小規模多機能型居宅介護で問題となるのは、施設基準と現実との兼ね合いです。

- ・居間・食堂の面積は、通所介護利用者（定員）１人当たり３㎡という基準の広さで日中活動が十分できるのか。
- ・登録者25名で宿泊室を9室設置しても、毎日利用してもらえるのか。

介護事業者からは、他のどの施設よりも経営的に厳しいということを聞きます。25名という少人数を対象として、その人たちが支払う定額料金に見合ったサービスを提供しなければ、よい評価を得ることはできません。

比較的元気な人が多いため、個人の好みに合った日中活動を行える間取が必要となります。この目的のためには事例のように、大きな１つの空間をとるのではなく、食堂で使われる空間以外に比較的小規模な空間が複数あること、宿泊室を宿泊以外に利用できる工夫をすることが有効です。

❷多様に使える個室

「山田井の郷」の小規模多機能施設には3タイプの宿泊室をつくりました（**図表4-2-1**）。

【図表4-2-1】3タイプの宿泊室

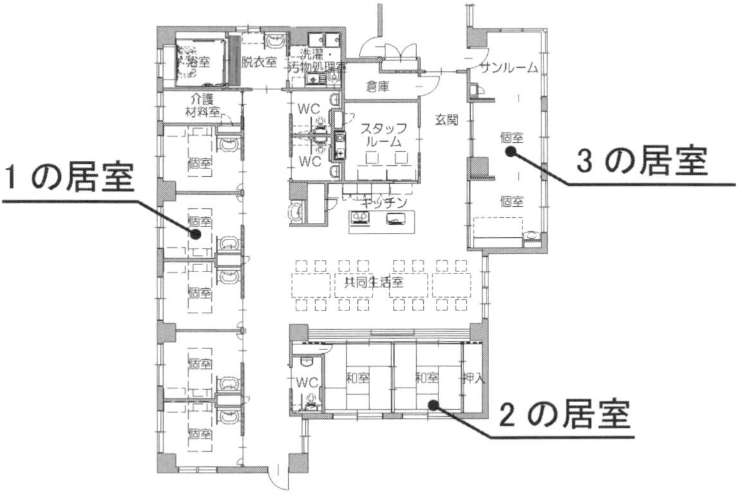

1）トップサイドから光があふれる宿泊室

小規模多機能施設の宿泊室に必要な面積は7.43㎡（約4.6畳）で、特養の個室面積10.65㎡に比べて極端に小さくなっています。長期に滞在する施設ではないので、宿泊室は小さくてもよいのですが、その狭さはやはり気になります。「山田井の郷」では宿泊室の面積は10㎡前後（約6畳）ですが、天井を高くしてトップサイドから光を取り入れているため、室内が明るく広く感じます。このような宿泊専用の部屋を5室つくっています。

【図表4-2-2】天井を高くし
トップサイドから
光を取り入れる工夫

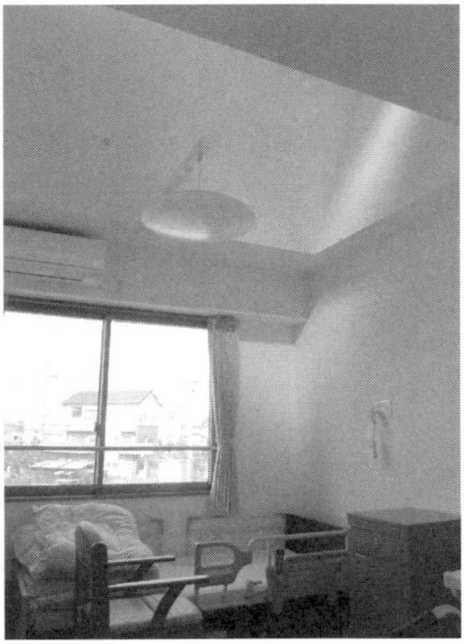

2）昼夜で使い分ける和室

これまで、他施設で多く採用してきた続き間の和室の宿泊室も２室つくりました。日中はふすまを引き込んで大きい和室として使用します。

この２室には掘りごたつを設け、くつろいでもらいます。また、食堂の横に大きな和室があり、使われていないときでも皆の集まる場所に奥行きを感じさせる効果があり、ゆとりのある空間となります。

【図表4-2-3】続き間の和室として使用する宿泊室

3）昼夜で使い分ける洋室

洋室の宿泊室も昼と夜の使い分けをできるようにしました。間仕切りを引き込み戸にして、昼は開け放し、隣接するサンルームと一体でリフレッシュコーナーとして使います。また、ゆったりとしたソファーやマッサージチェアーを設置して使用します。

【図表4-2-4】リフレッシュコーナーとして使用する洋室の宿泊室

【図表4-2-5】リフレッシュコーナーと一体となったサンルーム

このように、小規模多機能の建築計画ではできるだけ小さい面積で多様に使えるプランが必要です。

3 ショートステイ

事例：温泉旅館のような雰囲気づくりに成功
――社会福祉法人福知山学園「橘《たちばな》」（京都府福知山市）

ショートステイを利用する人は、自宅で生活しており、比較的元気です。「橘」ではショートステイの利用者が使う風呂へのアプローチを温泉旅館のような雰囲気にし、入浴を楽しんでもらうようにしました。

1 入浴の楽しさを演出する

1）浴室へのアプローチの工夫

ショートステイユニットの利用者と特養ユニットの利用者が使用する浴室ゾーンを、両ユニットに隣接し、さらに、中庭を見ながら少し歩いて風呂に行ける形にしました。

温泉旅館の浴場が庭を通った離れにあり、温泉に入る楽しみだけではなく、庭や自然を見ながら浴場に向かう楽しみを取り入れました。

【図表4-3-1】ショートステイと特養のユニットで使用する風呂

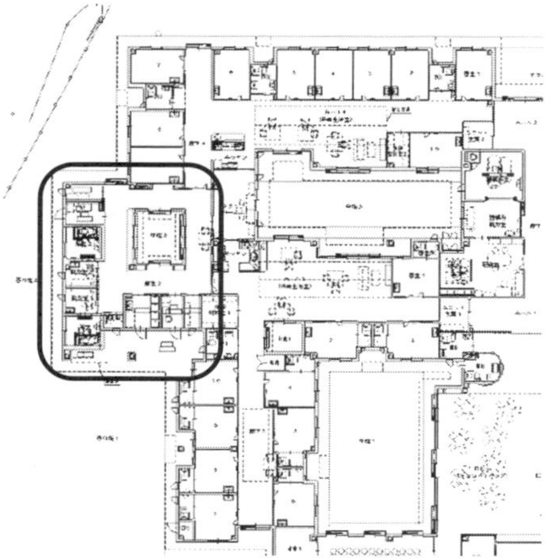

【図表4-3-2】中庭を囲んでつくられた回廊

風呂上りに休憩を楽しむスペース

2）庭を見ながら入浴

風呂は個浴のリフト浴を2か所設置しています。リフトは収納できるので、雰囲気は一般の個浴と変わりません。また、いずれの風呂も庭に面しており、大きく窓を開け、自然を満喫しながら入浴できます。

【図表4-3-3】庭に面したリフト浴

❷居室の工夫

ショートステイの個室の基準面積は7.43㎡以上で、特養の居室面積より少ないのですが、狭くても過ごしやすいプランを検討しました。

特養は共用トイレですが、ショートステイでは個室にトイレを設置しました。利用者にとっては使い慣れない場所になるので、わかりやすく、利用しやすいようにと考えた結果です。トイレに窓を設置して気持ちのよいトイレをつくりたいとの要望もあり、狭い居室を広く使うために矩《く》形《けい》の居室にし、居室の外壁側にトイレを設けました（**図表4-3-4**）。部屋内が暗くならないかと懸念しましたが、掃き出し窓とすることで、十分明るい部屋となっています。

【図表4-3-4】居室トイレを外部に面して配置

4 デイサービス

事例：浴室の改修を機会に、心をくすぐるケアを実現
――一般財団法人宇治市福祉サービス公社　東宇治デイサービスセンター（京都府宇治市）

1 浴室の改修

デイサービスの浴室が古くなったので改修したいという依頼はよくあります。大きな浴室の一部に個浴をつくりたいという依頼が多いのですが、その場合でも、どのようなサービスを提供したいのか、吟味するところから始めます。

宇治市福祉サービス公社は、デイサービス事業を京都府宇治市で3か所行っています。各事業所の浴室が古くなり、改修したいという依頼があったので、各事業所の方の思いをヒアリングし、要望を形にしていきました。

3事業所に弊社の担当建築士をつけ、各事業所ごとに打ち合わせを進めました。

東宇治デイサービスセンターを例にとって、説明します。

浴室改修は決まっていましたが、どのような風呂を目指すのか何度も打ち合わせをし、職員の思いをまとめていきました。3事業所の計画がまとまった段階で、全職員が集まり、各事業所がプレゼンテーションを行いました。東宇治事業所のプレゼンテーションのタイトルは、「お客様の心をくすぐるケア」でした。

【図表4-4-1】職員のプレゼンテーション

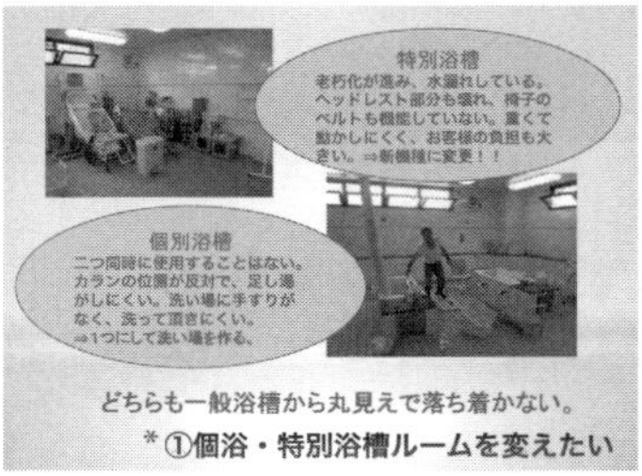

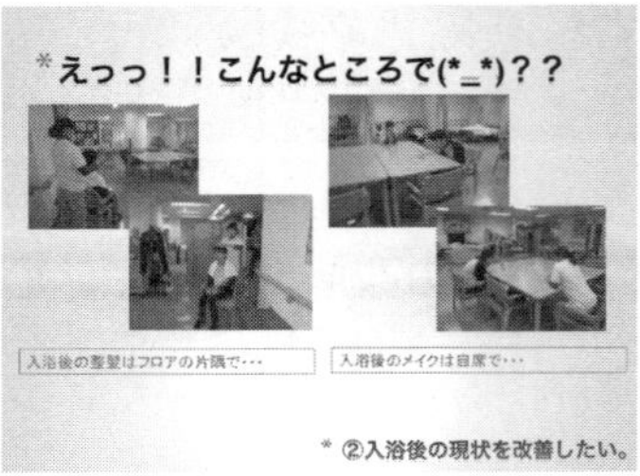

❷職員さんの思いをプレゼンする

1）職員の思い「こんなケアがしたい！」

・自宅では頑張っているお客様だから、デイでは「甘えたい」という気持ちに応えたい（おもてなしの意識）。

・お客様ごとに異なる「甘えたい」部分を探り、お客様の「よくばり」を聞いてあげたい。

・どんなADLのお客様でも、「心地よい」と思ってくださる「居場所」をつくりたい。

・お客様ごとにカスタマイズされたプログラムを提供したい。

2）職員が目指す入浴介助

・お客様に、その方に合った介助をしたい。

・「おもてなし」の心を大切に。

・ちょっと身体が悪くなっても大丈夫。

・プライバシーも守ります。

・かゆいところに手が届く、お客様の心をくすぐるケアを目指したい。デイはお出かけの場だが、風呂は日常行為。だからこそ、奇をてらったものではなく、「飽きのこない」「長続きして喜んでもらえる」風呂にしたい。

3）入浴後の時間も大切に

・入浴後ほっこりできるスペースがほしい。

・バイタルが悪くて風呂に入れないときも、頭だけでも洗いたい。

・整髪も鏡を見てしたい。

・お化粧ができるスペースがほしい。

・おむつの人でも、きちんと服を着て浴室を出たい。

そんな要望から生まれたのが「パウダールーム」です。お客様のプライバシーを守れる、守られていることが伝わる空間です。

そして、パウダールームを通ることによって、お客様がキリッと居ずまいを正し、自分らしくなってフロアに戻れる、そんな役割を担うスペースとなりました。

❸改修計画

こうした職員の思いを形にすべく、浴室の改修計画を立てました。

大浴場に大きな浴槽と個浴2台があったものを、大浴場と個浴スペースに分けました（**図表4-4-2**、**図表4-4-3**）。それに伴い脱衣室も2つに分け、出入りも別にしました。プレゼンテーションで、「えっ！こんなところで」（**図表4-4-1**右）と紹介された、整髪やメイクの場所もパウダーコーナーで実現しました。大規模な改修ではありませんが、職員と改修の目的や方向性を何度も議論し、できることとできないことを選り分け、この形にたどり着きました。

【図表4-4-2】現状

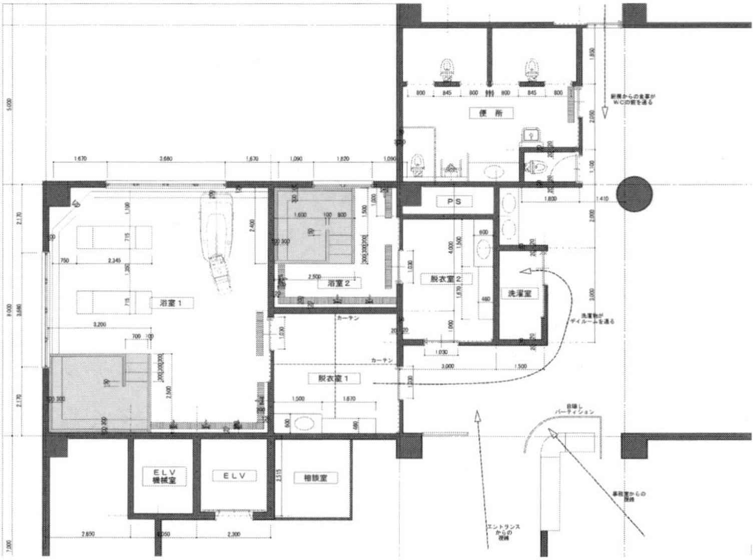

【図表4-4-3】改修案

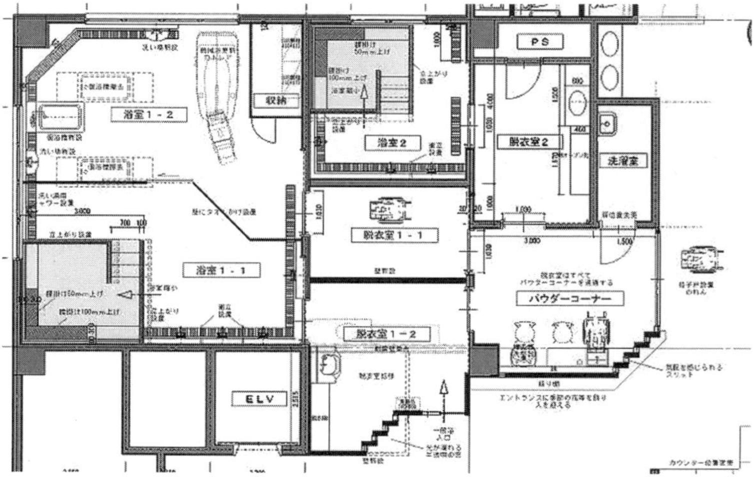

改修を機に介護方針の再検討を十分に行った結果、職員の意識の共有化が図れ、お客様への質の高いサービスが実現しています。

ちなみに、プレゼンテーションの最後は**図表4-4-4**の言葉で締めくくられています。

【図表4-4-4】職員のプレゼンテーションでの最後の言葉

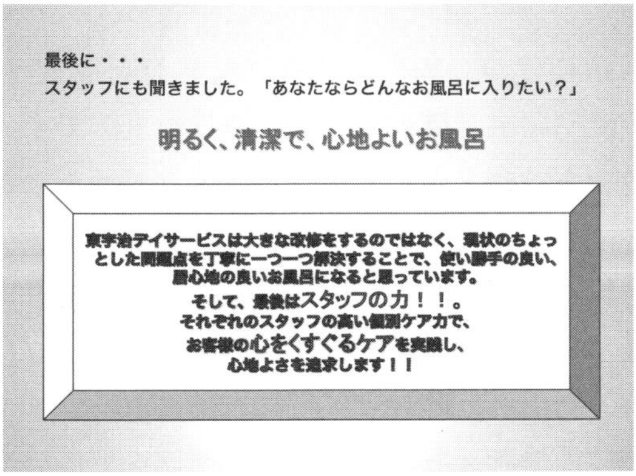
最後に・・・
スタッフにも聞きました。「あなたならどんなお風呂に入りたい？」
明るく、清潔で、心地よいお風呂
東宇治デイサービスは大きな改修をするのではなく、現状のちょっとした問題点を丁寧に一つ一つ解決することで、使い勝手の良い、居心地の良いお風呂になると思っています。
そして、最後はスタッフの力！！。
それぞれのスタッフの高い個別ケア力で、
お客様の心をくすぐるケアを実践し、
心地よさを追求します！！

5 高齢者住宅

事例1：有床診療所を有料老人ホームに改修
――社会福祉法人ひまわりの里「染井野ヒルズひまわりの里」
（千葉県佐倉市、介護付き有料老人ホーム）

千葉県佐倉市に建つ診療所を、介護付き有料老人ホーム（21床）と小規模多機能型居宅介護（4床）へ改修した事例です。

介護事業者であるひまわりの里は、在宅介護サービス、居宅介護支援サービス、訪問介護サービスなど、高齢者の自律支援および在宅介護全般を行っている法人です。これからの高齢社会に向けて重要となる社会基盤をつくりたいと願う理事長の熱い思いに支えられ、既存施設の有効利用と、高齢者住宅に求められる機能を建築的に整理し、最新の技術や考え方を取り入れて改修を計画しました。

既存の有床診療所の改修だったため、衛生機器、アンテナ、感知器など、使用に問題のない製品や現在の基準でも使用可能なものは積極的に再利用しています。その一方で、入居者によいと思われる新しい試みは積極的に採用しました。

【図表4-5-1】改修された食堂

❶使い続けられるトイレ

要介護度の変化に伴う車いす使用を想定し、居室トイレの便座への寄りつきやすさを考慮し、建具を可変対応としました。自立歩行ができるときは引き戸のみ使用し、車いす使用となった際には建具を開きます。可変の仕様は、居室レイアウトに合わせて開き戸タイプ、引き戸タイプ、パネルタイプの3種類にしています（**図表4-5-2**、**図表4-5-3**）。

この建物で初めて実現した可変仕様のトイレは、その後、多くの施設設計に取り入れられています。

【図表4-5-2】可変対応便所（開き戸タイプ）

【図表4-5-3】可変対応便所（引き戸タイプ）

❷洗面台

手すりつき洗面化粧台を採用しています。水栓レバーは特注で、洗面化粧台の前方から40cm程度の位置に変更しました（34ページ**図表1-2-22**）。

❸空調

高齢者住宅での加湿方法を検討した結果、イニシャルコストは高くなりますが、加湿機能のついた空調機を採用しました。

❹照明

ランニングコストを考慮し、共用部の照明はLEDを採用しました。人感センサーや照度センサーを組み合わせた方式で、省エネルギーに配慮しています。決定に当たっては、実物を取り寄せ、照度および光の雰囲気を確認しました。使用に問題のない製品や現在の基準でも使用可能なものは積極的に再利用しています。

【図表4-5-4】照度の実験

❺内装

内装材は、施設の雰囲気を決めるうえで最も重要なファクターなので、時間をかけ、さまざまな商品の中から最適なものを決定しました。

その結果、消臭機能を持った空気清浄壁紙のうち、消臭性能が永く継続できる性能の壁紙（ルノン）を採用しました。

【図表4-5-5】内装材を実物で検討

（ゆう建築設計　田淵幸嗣）

事例２：透析患者に特化した高齢者住宅
――特定医療法人桃仁会病院
（京都府京都市、サービス付き高齢者向け住宅）

1 専門性を持ったサ高住の要望

高齢者住宅は今後、競争の激しい分野となっていきます。大きな流れとして、要介護度の高い人でも入居可能とし、看取りまで行うところが増えてくるでしょう。それに伴って、介護の程度や方法、医療との連携が入居者の選択基準となります。

また、医療側からも高齢者住宅に積極的に取り組む動きが出てきています。弊社は介護分野だけでなく、医療分野の施設も多く手がけており、中でも得意としているものの１つが透析医療施設です。

透析患者にも高齢者が増えてきました。若いうちは仕事場の近くに住み、透析のため透析医療施設に通う生活を送るのですが、高齢になり仕事を離れれば、医療施設の近くに住む方が便利です。透析治療は週3回4時間の透析を行いますので、患者の利便性を考慮して、医療施設の近くに高齢者住宅を建設するケースが増えています。

❷透析患者用サ高住の建築の特徴

下記は、透析患者用の高齢者住宅の建築デザインの特徴です。

(a) 車いす対応

透析患者は車いすの利用率が高いため、居室トイレを含め建物全体を車いす対応とする。

(b) 緊急通報装置

居室以外で入居者が異変を起こした場合に備え、建物内で利用可能な緊急呼び出し装置を備える。

(c) ストレッチャー対応

緊急搬送に備え、エレベーターや廊下など、建物内をストレッチャー対応とする。

(d) 食事提供サービス

自己管理が難しい食事を、入居者の状態に合わせて提供できるソフトとハードを備える。厨房機器は透析食と一般食では大きく違わないが、栄養管理は重要となる。食堂は、看取りまで行う施設では、9割以上の人が車いすとなるので、テーブルの間隔は十分広くとらなければならない。注入食の人もいるので、見守りのしやすさがポイントとなる。

❸建築計画

居室は車いすで動くことを前提としています。トイレの位置が通常のプランとは違い、ベッドを置いた側にトイレのドアをつけ、部屋内から直接トイレに入れるようにしています(**図表4-5-6、図表4-5-7**)。

通路の幅も車いすを前提とし、その結果、居室幅は通常より広くなっています。

【図表4-5-6】居室内レイアウト

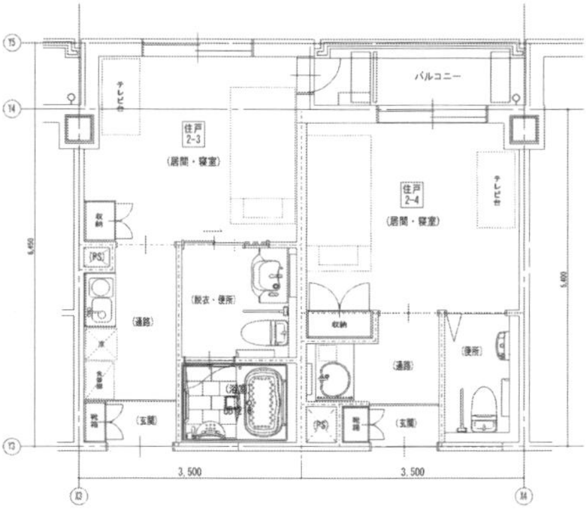

【図表4-5-7】トイレの扉位置に工夫

洗面・トイレは一室のタイプですが、計画段階で洗面・トイレの壁を取り外せるようにしてはどうかと提案しました(**図表4-5-8**)。体力が衰えたときにもトイレなどが使いやすい居室にできるのですが、同病院に移ってもらう選択肢もあることから、今回は採用しませんでした。

【図表4-5-8】トイレの壁を取った場合

(ゆう建築設計　竹之内啓孝)

●著者略歴

砂山　憲一(すなやま　けんいち)

株式会社ゆう建築設計　代表取締役

京都大学工学部建築系学科修士修了。SAINT-LUC DE TOURNAI建築学校(ベルギー)留学。

医療・福祉分野の企画設計を手がけ、高齢者住宅や特別養護老人ホームなどの設計で先進的な取り組みを実施。現在、有料老人ホームの次世代モデル作成計画が進行中。

著書に『医療・介護・建築関係者のための高齢者の住まい事業企画の手引き』(学芸出版社)。

http://www.eusekkei.co.jp

●表紙デザイン／梅津幸貴
●編集協力／（株）東京コア
●本文DTP ／（株）ワイズファクトリー

介護福祉経営士　実行力テキストシリーズ5

めざす介護を実現する

高齢者住宅・施設の建築デザイン戦略

2014年6月16日　初版第1刷発行

著　者　砂山　憲一
発行者　林　諄
発行所　株式会社 日本医療企画
〒101-0033　東京都千代田区神田岩本町4-14
神田平成ビル
TEL 03（3256）2861（代表）
FAX03（3256）2865
http://www.jmp.co.jp/
印刷所　大日本印刷株式会社

ISBN978-4-86439-263-1 C3034
（定価は表紙に表示しています）

「介護福祉経営士」テキストシリーズ　全21巻

総監修

江草安彦（社会福祉法人旭川荘名誉理事長、川崎医療福祉大学名誉学長）
大橋謙策（公益財団法人テクノエイド協会理事長、元・日本社会事業大学学長）
北島政樹（国際医療福祉大学学長）

（50音順）

基礎編Ⅰ（全6巻）

第1巻　介護福祉政策概論 —— 介護保険制度の概要と課題
第2巻　介護福祉経営史 —— 介護保険サービス誕生の軌跡
第3巻　介護福祉関連法規 —— その概要と重要ポイント
第4巻　介護福祉の仕組み —— 職種とサービス提供形態を理解する
第5巻　高齢者介護と介護技術の進歩 —— 人、技術、道具、環境の視点から
第6巻　介護福祉倫理学 —— 職業人としての倫理観

基礎編Ⅱ（全4巻）

第1巻　医療を知る —— 介護福祉人材が学ぶべきこと
第2巻　介護報酬制度／介護報酬請求事務 —— 基礎知識の習得から実践に向けて
第3巻　介護福祉産業論 —— 市場競争と参入障壁
第4巻　多様化する介護福祉サービス —— 利用者視点への立脚と介護保険外サービスの拡充

実践編Ⅰ（全4巻）

第1巻　介護福祉経営概論 —— 生き残るための経営戦略
第2巻　介護福祉コミュニケーション —— ES、CS向上のための会話・対応術
第3巻　事務管理／人事・労務管理 —— 求められる意識改革と実践事例
第4巻　介護福祉財務会計 —— 強い経営基盤はお金が生み出す

実践編Ⅱ（全7巻）

第1巻　組織構築・運営 —— 良質の介護福祉サービス提供を目指して
第2巻　介護福祉マーケティングと経営戦略 —— エリアとニーズのとらえ方
第3巻　介護福祉ITシステム —— 効率運営のための実践手引き
第4巻　リハビリテーション・マネジメント —— QOL向上のための哲学
第5巻　医療・介護福祉連携とチーム介護 —— 全体最適への早道
第6巻　介護事故と安全管理 —— その現実と対策
第7巻　リーダーシップとメンバーシップ、モチベーション
—— 成功する人材を輩出する現場づくりとその条件